古代字書輯刊

隸韻

〔宋〕劉球編

中華書局

圖書在版編目(CIP)數據

隸韻/(宋)劉球編.—北京:中華書局,1989.11
(2012.2 重印)
(古代字書輯刊)
ISBN 978-7-101-00218-8

Ⅰ.隸… Ⅱ.劉…Ⅲ.隸書-中國-古代-字典
Ⅳ.H123-61

中國版本圖書館 CIP 數據核字(2003)第107280號

隸 韻
〔宋〕劉 球 編
*
中 華 書 局 出 版 發 行
(北京市豐臺區太平橋西里38號 100073)
http://www.zhbc.com.cn
E-mail:zhbc@zhbc.com.cn
北京市白帆印務有限公司印刷
*
787×1092毫米 1/16 · 18½印張 · 2插頁
1989年11月第1版 2012年2月北京第3次印刷
印數:3501-5500冊 定價:47.00元

ISBN 978-7-101-00218-8

出版説明

《隸韻》是宋代劉球編輯的一部漢隸字形字典。全書十卷，以楷體爲字頭，計三千二百七十五個，皆依韻排列。楷體字頭下，輯録了兩漢以來廟碑、墓碣、遺經殘石、鐙、鉦、盆、鏡等上的隸字，並分别注明出處。正文前有碑目一卷，所引諸碑凡二百六十一種，今已大多不存。書後附有翁方綱碑目考證及《隸韻》考證。

《隸韻》是研究漢字發展的重要資料，也是研究語言、歷史、金石譜録、書法篆刻的重要參考書。

今據影宋石刻本影印出版。新編索引附後以便檢索。

中華書局編輯部

一九八七年四月

重刻淳熙隸韻序

隸韻十卷前有進表失其前幅有月日而無歲以玉海攷之知是淳熙二年劉球所表進也洪文惠之隸韻未及成書其集中有題劉氏隸韻之文即此書也洪蓋嫌其採字太略而未知其後婁氏字原所採漢隸實皆沿此而稍附益之婁氏書成於慶元初年嘉定壬申莆陽宋鈞重修之本尚自不苟至明末海虞毛氏汲古閣重寫重刊字形盡失今日言隸學者不見宋槧本專据毛刻字原以爲漢隸如此且其書每字下不詳出某碑止以一二次數記之觀者既未必一一覆檢其前目又安知辨原石之合否烏焉成馬扣槃捫籥字書之誣罔舛訛莫有甚於此者而不知者尚準以爲隸書之式近日顧南原撰隸辨偶或駁正一二而顧氏未知有劉氏此刻不能詳究婁氏字原之誤所自來莫由深攷非一日矣劉韻是石刻拓本予曩於友人齋偶遇二三卷未見全帙今翰林秦

君敦夫彙得十卷厚菴鹺使鳩工精勒此書一出則所謂字原者束閣不觀可矣敦夫屬予爲作攷證附於此書之後然尚有未見諸碑也姑爲粗舉一隅可予南原之作隸辨曰吾爲解經計今亦不敢遽云爾也然愼闕疑而審援据或可爲吾學侶敬告之

嘉慶十五年冬十二月八日北平翁方綱識

宋搨之精者墨色如
漆神采奕然余見宋
高宗臨帖紹府所刻
者如此々人以譯翼經

搨爲宋拓深此難辨
見御前應奉沈亨刻
蔡字皆爲徃壽殿本
並雖王太常珍貴藏

藏乃不下一語余以所
見先碑爲補欲書後
董其昌
董其昌印

野人藏垢匿瑕敢祈求於
上聖臣謹集成隸韻五門計一十卷繕
刻墨本裝背成册囊封隨表繳
進伏望
聖慈特賜

睿覽臣無任瞻
天望
聖激切屏營之至謹奉表以
聞臣球誠惶誠懼頓首頓首謹言五月
二十日三省同奉

聖旨頒付祕書省

諸碑所用□文字附本字內收入之□入□之□

字內旹即時入時字內

碑目

漢碑年號見本碑一百七十七

武帝

鄭三益碑 建元元年

哀帝

郫縣五官碑 元□元年

王莽

候鉦銘 地皇二年

光武

蜀郡太守何君閣道碑 中元二年

明帝

巴官鐵盆銘 永平七年

會稽東郡路君闕銘 八年

豫州刺史路君闕銘

章帝

張偉伯穿中記 建初二年

和帝

燕然銘 永元元年

雒陽令王稚子闕二 元興元年

安帝

青衣尉趙君羊竇道碑 永初六年

謁者景君墓表碑 元初元年

謁者景君碑陰

郯令景君闕銘 四年

賜豫州刺史馮煥詔碑 六年

幽州刺史馮煥碑 永寧二年

馮煥碑陰

馮煥神道碑

耿氏鐙銘 延光四年

鐵盆銘 永建五年

陳君治道碑

順帝

北海相景君碑 漢安二年

北海景君碑陰

威宗

費亭侯曹騰碑陰 建和元年

長史武斑碑

武君石闕銘

司隸校尉楊君斜谷碑 二年

廣漢長王君石路碑

張公神碑 和平元年

祝長嚴訢碑

縣三老楊信碑

從事武梁碑 元嘉元年

武梁祠堂畫像

廣漢屬國都尉丁魴碑

平都侯相蔣君碑 二年

郎中王政碑 永興元年

孔廟置守廟百石孔龢碑

孔謙碣 二年

益州太守無名碑 永壽元年

益州太守碑陰

韓勑造孔廟禮器碑 二年

韓勑造禮器碑陰

吉成侯州輔碑
州輔碑陰
韓勑脩孔廟後碑 三年
孔從事碑
郎中鄭固碑 延熹元年
議郎元賓碑 二年
楚相孫叔敖碑 三年
孫叔敖碑陰
中常侍樊安碑
江原長進德碣
封丘令王元賓碑 四年
冀州刺史王純碑
王純碑陰
眞道冢碑 五年

桐柏淮源廟碑 六年
平輿令薛君碑
山陽太守祝睦碑 七年
臨江長碑
太山都尉孔宙碑
孔宙碑陰
辛通達李仲曾造橋碑
西嶽華山廟碑 八年
老子銘
祝睦後碑 九年
孟郁脩堯廟碑 永康元年
孟郁脩堯廟碑陰
孟郁脩堯廟碑側二
荆州刺史度尚碑

車騎將軍馮緄碑

靈帝

司空孔君碑 建寧元年

沛相楊統碑

楊統碑陰

竹邑侯張壽碑

衛尉衡方碑

劉君閣道題字

緜竹令王君碑

冀州從事張表碑

堵陽長劉君碑

魯相史晨祠孔廟銘 二年

史晨饗孔廟後碑

金鄉長侯成碑

宕渠令柳敏碑

淳于長夏承碑 三年

郎中馬江碑

劉脩碑 四年

武都太守李翕西狹頌

李翕黽池五瑞碑

吕國等題名碑

博陵太守孔彪碑

孔彪碑陰

北軍中候郭仲奇碑

李君西坂碑 五年

李翕析里橋郙閣頌 熹平元年

廷尉仲君碑

東海廟碑

成陽靈臺碑
靈臺碑陰
故民吴仲山碑
司空宗俱碑 二年
宗俱碑陰
米巫祭酒張普題字
司隸校尉魯峻碑

魯峻碑陰
廣漢屬國侯李翊碑
先生婁壽碑 □年
婁壽碑陰
桂陽太守周憬功勳銘
周憬碑陰
繁陽令楊君碑

楊君碑陰
帝堯碑 四年
帝堯碑陰
鄭子真舍宅殘碑
司隸校尉楊淮碑
沈子琚緜竹江堰碑 五年
斥彰長碑 六年

堂邑令費鳳碑
費鳳碑陰
金廣延母徐氏紀產碑 光和元年
樊毅脩華山亭碑 二年
太尉郭禧碑
樊毅復華下民租碑
樊毅脩華嶽廟碑

丹陽太守郭旻碑

太尉陳球碑

陳球碑陰

陳球後碑

三公山碑 四年

童子逢盛碑

逢盛碑陰

殽阬君神祠碑

殽阬神祠碑陰

藁長蔡湛頌

無極山碑

溧陽長潘乾校官碑

安平相孫根碑

孫根碑陰

涼州刺史魏元丕碑

梁相孔耽神祠碑 五年

蔡邕石經尚書 六年

石經魯詩

石經儀禮

石經論語

石經公羊

成陽令唐扶頌

白石神君碑

种元儁石虎刻字 七年

司隸從事郭究碑 中平元年

幽州刺史朱龜碑

都鄉正衛彈碑 二年

太尉劉寬碑

劉寬後碑

劉寬碑陰

劉寬後碑陰

太尉劉寬神道碑二

外黃令高彪碑

尉氏令鄭君碑 三年

鄭君碑陰

隸韻卷第一

上平聲上

一東　二冬

三鍾　四江

五支　六脂

七之　八微

九魚　十虞

一東

東 德紅切　東 靈臺碑　東 靈臺碑陰　東 韓勑碑陰　東 樊毅脩華嶽碑　東 東海廟碑

東 馮緄碑　東 張公神碑　東 孔彪碑　東 楊統碑　東 費鳳碑陰　東 楊淮碑

東 戚伯著碑　東 孔從事碑　東 孫根碑　東 魏尊號奏碑　東 楊著碑

通 他紅切　通 石經尚書　通 孟郁脩堯廟碑　通 靈臺碑　通 樊毅脩華嶽碑　通 周憬功勳銘

通 唐扶頌　通 陳球碑　通 梁休碑　通 魯峻碑　通 孫根碑　通 魏受禪表

通 戚伯著碑　通 羊竇道碑　通 楊君斜谷碑

同 徒紅切　同 石經論語　同 華山亭碑　同 老子銘　同 綏民尉熊君碑　同 馮緄碑

同 孔耽碑後字　同 夏承碑　同 鄭烈碑

童　童 校官碑　童 婁壽碑　童 孫根碑　童 逢盛碑

桐　桐 桐柏廟碑

橦　橦 魏大饗碑

潼　潼 周公禮殿記

銅　鮦楊統碑　鮦劉寬碑陰

籠　盧紅切　龍孔耽神祠碑

蓬　蒲紅切　蓬婁壽碑　蓬費鳳碑　蓬費鳳碑陰

蒙　莫紅切　蒙史晨祠孔廟銘　蒙魏受禪表　蒙羊竇道碑　蒙周憬功勳銘　蒙孫叔敖碑

蒙　北海相景君碑　蒙戚伯著碑

聰　倉紅切　聰逢盛碑　聰元賓碑　聰李翊夫人碑　聰鄭烈碑　聰夏堪碑

稯　祖紅切　稯辛李君造橋碑　稯靈臺碑

洪　胡公切　洪張表碑　洪張平子碑　洪樊毅脩華嶽碑

紅　紅周憬功勳銘　紅綏民尉熊君碑

鴻　鴻石經尚書　鴻馮緄碑　鴻楊統碑　鴻周憬功勳銘　鴻魏受禪表

鴻李翊夫人碑　鴻費鳳碑陰　鴻楊著碑陰

空　苦紅切　空石經尚書　空孔廟禮器碑　空孔廟置卒史碑　空馮緄碑

公　古紅切　公石經論語　公唐扶頌　公孔廟置卒史碑　公華山亭碑　公費鳳碑陰

公孔從事碑　公綏民尉熊君碑　公吳仲山碑　公侯成碑　公周憬功勳銘　公張公神碑

公魏石經左傳　公四老神祚机碑　公夏承碑　公楊君斜谷碑

功　功石經尚書　功謁者景君墓表　功夏承碑　功周憬功勳銘　功費鳳碑陰

功綏民尉熊君碑　功平輿令薛君碑　功詔賜功臣家字　功建平郫縣碑　功戚伯著碑　功魏受禪表

功圉令趙君碑　功孟郁脩堯廟碑　功劉熊碑陰

工　工樊毅脩華嶽碑　工鄭烈碑　工耿氏鐙字　工孟郁脩堯廟碑

攻　攻武梁畫像碑　攻王君石路碑　攻郙閣頌

翁 烏紅切　翁 周禮殿記　翁 督郵斑碑　翁 郙閣頌

豐 敷中切　豐 史晨祠孔廟銘　豐 夏承碑　豐 交阯沈君神道　豐 郙閣頌　豐 張公神碑

豐 祝睦碑　豐 楊統碑陰　豐 王政碑　豐 義井碑陰　豐 孔宙碑

酆　酆 靈臺碑陰　酆 堯廟碑陰

風 方中切　風 帝堯碑　風 樊毅脩華嶽碑　風 孔耽神祠碑　風 張平子碑　風 綏民尉熊君碑

風 夏承碑　風 楊震碑陰　風 費鳳碑　風 周禮殿記　風 魏脩孔子廟碑　風 唐公房碑

風 魏受禪表　風 唐扶頌　風 費汎碑　風 堯廟碑陰　風 漢鏡銘

馮 符中切　馮 華山亭碑　馮 殽阬君碑陰　馮 朱龜碑　馮 馮煥神道碑

嵩 息中切　嵩 鄭烈碑　嵩 劉寬後碑　嵩 孔廟禮器碑　嵩 尉氏鄭君碑陰

充 昌中切　充 樊毅復民租碑　充 樊毅脩華嶽碑　充 戚伯著碑　充 孫根碑　充 張納碑陰

終 之中切　終 石經論語　終 綏民尉熊君碑　終 周憬功勳銘　終 孔宙碑　終 老子銘

終 夏承碑　終 武梁祠畫像碑

戎 而中切　戎 燕然銘　戎 孔宙碑　戎 魏受禪表　戎 橫海呂將軍碑

崇 鉏中切 亦作崈　崇 靈臺碑　崇 綏民尉熊君碑　崇 周憬功勳銘　崇 唐公房碑　崇 魏受禪表

崇 袁良碑　崇 唐扶頌　崇 魏脩孔子廟碑

中 陟隆切　中 石經尚書　中 中山相薛君碑　中 張公神碑　中 戚伯著碑　中 侯成碑

中 費鳳碑陰　中 蔡湛頌　中 楊統碑　中 夏承碑　中 中部碑　中 高彪碑

中 唐公房碑　中 斥彰長碑

衷　衷 孔彪碑

忠　忠 石經論語　忠 唐公房碑　忠 孫叔敖碑　忠 魯峻碑　忠 北海相景君碑

忠 樊安碑 忠 夏承碑 忠 鄭固碑 忠 武梁畫像碑

沖 持中切 沖 老子銘 沖 司空殘碑

隆 良中切 隆 帝堯碑 隆 華山亭碑 隆 綏民尉熊君碑 隆 老子銘 隆 張表碑

隆 丁魴碑 隆 王君石路碑

融 以中切 融 張表碑 融 祝睦後碑 融 白石神君碑 融 鄭烈碑 融 劉寬碑

雄 回弓切 雄 是邦雄碑 雄 橫海呂將軍碑 雄 劉熊碑陰

熊 熊 靈臺碑陰 熊 綏民尉熊君碑 熊 魏受禪表 熊 劉熊碑

弓 居中切 弓 韓勑碑陰 弓 孔從事碑 弓 魏大饗碑

躬 躬 石經論語 躬 靈臺碑 躬 華山亭碑 躬 周憬功勳銘 躬 桐柏廟碑

躳 張表碑 躳 北海相景君碑 躳 郙閣頌

宮 宮 石經論語 宮 殽阬君碑陰

穹 丘中切 穹 靈臺碑 穹 柳敏碑 穹 宗俱碑

窮 渠弓切 窮 孔廟置卒史碑 窮 周憬功勳銘 窮 張表碑 窮 鄭烈碑 窮 梁休碑

窮 魏受禪表 窮 楊震碑 窮 劉寬後碑 窮 楊著碑 窮 北海相景君碑

二冬

冬 都宗切 冬 華山亭碑 冬 周憬功勳銘 冬 樊毅脩華嶽碑 冬 李君西坂碑

農 奴宗切 農 孔廟置卒史碑 農 張君墓道碑 農 綏民尉熊君碑 農 樊毅脩華嶽碑 農 高彪碑

農 老子銘 農 楊君斜谷碑 農 許武夫人碑

宗 祖冬切 宗 石經尚書 宗 楊宗墓道碑 宗 華山亭碑 宗 元賓碑 宗 戚伯著碑

賨 徂宗切 賨 是邦雄碑 賨 馮緄碑

琮　琮 史晨饗孔廟碑

三鍾

鍾 諸容切　鍾 孫叔敖碑　鍾 校官碑　鍾 夏承碑　鍾 武梁畫像碑

鐘　鐘 張納功德敘　鐘 繁陽令楊君碑　鐘 劉寬碑陰

衝 昌容切　衝 鄭烈碑　衝 王君石路碑

蹤 將容切　蹤 費鳳碑　蹤 費鳳碑陰　蹤 唐扶頌

松 祥容切　松 殽阬君碑陰　松 費鳳碑陰　松 李翊碑　柗 孫叔敖碑陰

從 牆容切　從 石經公羊　從 李翊碑　從 唐扶頌　從 衷良碑　從 孫叔敖碑

從 華山亭碑　從 孔廟置卒史碑　從 元賓碑　从 無極山碑　從 史晨祠孔廟銘　從 校官碑

從 夏承碑　從 唐公房碑　從 羊竇道碑

鋒 敷容切　鋒 魏大饗碑

烽　烽 鄭烈碑

蠭　蠭 周公禮殿記　蠭 李翊夫人碑

重 傳容切　重 孫叔敖碑　重 馮緄碑

龍 盧容切　龍 帝堯碑　龍 唐扶頌　龍 周公禮殿記　龍 元賓碑　龍 華山亭碑

龍 高彪碑　龍 辛李君造橋碑　龍 楊君斜谷碑　龍 夏堪碑

容 餘封切　容 綏民尉熊君碑　容 戚伯著碑　容 孫根碑　容 李翕西狹頌　容 孫叔敖碑

容 魏元丕碑　容 朱龜碑　容 張平子碑　容 校官碑

庸　庸 樊安碑　庸 郭究碑

鎔　鎔 司空殘碑

封 方容切 封 鮮于璜碑 封 孫叔敖碑 封 孫根碑

逢 符容切 逢 華山亭碑

縫 縫 郭旻碑

恭 居容切 恭 石經尚書 恭 華山亭碑 恭 樊毅復民租碑 恭 魯峻恭碑 恭 孔宙碑

恭 孫叔敖碑 恭 張納功德叙 恭 張納碑陰 恭 樊安碑 恭 李翊夫人碑 恭 觴豆碑陰

供 供 華山亭碑

龔 龔 張納碑陰 龔 韓勑碑陰

匈 許容切 或作匈 匈 魏大饗碑

凶 凶 石經尚書

兇 兇 丁魴碑

雍 於容切 雍 衡方碑 雍 桐柏廟碑 雍 孫根碑 雍 李翊碑 雍 張平子碑 雍 樊毅華嶽碑

雝 雝 徐氏紀產碑 雝 孟郁脩堯廟碑

灉 灉 沈子琚縣江堰碑

廱 廱 史晨祠孔廟銘 廱 樊毅脩華嶽碑 廱 唐扶頌 廱 孔宙碑 廱 李翊夫人碑

顒 魚容切 顒 孔從事碑 顒 斜谷匠題名

邛 渠容切 邛 何君閣道碑 邛 魏大饗碑

四江

江 古雙切 江 樊毅脩華嶽碑 江 孫叔敖碑 江 費鳳碑陰 江 唐公房碑陰

邦 悲江切 邦 是邦雄碑 邦 北海相景君碑 邦 劉熊碑 邦 衷良碑 邦 華山亭碑

邦 郭仲奇碑 邦 周憬功勳銘 邦 孟郁脩堯廟碑 邦 魏大饗碑

龐 皮江切 龐 龐公神道 龐 孔從事碑 龐 劉寬碑陰

逄 逄 逄盛碑陰

厖 莫江切 厖 衡方碑

雙 疎江切 雙 孫根碑 雙 武榮碑

瀧 閭江切 瀧 周憬功勳銘

五支

支 章移切 支 綏民校尉熊君碑 支 校官碑 支 太僕荀君碑陰

枝 枝 侯成碑 枝 張納功德叙 枝 劉熊碑 枝 樊毅脩華嶽碑

施 商移切 施 石經論語 施 費鳳碑陰 施 孫根碑

炊 昌爲切 炊 孟郁脩堯廟碑

衰 初危切 衰 石經論語 衰 李翊夫人碑 衰 史晨祠孔廟銘 衰 樊敏碑 衰

垂 是爲切 垂 靈臺碑 垂 孔廟置卒史碑 垂 樊毅脩華嶽碑 垂 校官碑 垂 樊敏碑

垂 元賓碑 垂 劉熊碑 垂 夏承碑 垂 費鳳碑 垂 高彪碑 垂 富春丞張君碑

垂 魏大饗碑 垂 楊震碑 垂 逢盛碑 垂 劉寬碑 垂 張平子碑 垂 孔宙碑

兒 如支切 兒 楊統碑陰

斯 息移切 斯 石經論語 斯 鄭固碑 斯 元賓碑 斯 華山亭碑 斯 樊毅脩華嶽碑

斯 李翕西狹頌 斯 魏脩孔子廟碑

貲 即移切 貲 是邦雄桀碑

訾 訾 周憬功勳銘 訾 徐氏紀產碑

隨 旬爲切 隨 老子銘 隨 劉熊碑 隨 唐扶頌 隨 周憬功勳銘 隋 張平子碑

知 珍離切　知 石經論語　知 靈臺碑　知 孫根碑　知 侯成碑　知 綏民尉熊君碑

知 馮緄碑　知 老子銘　知 李翕西狹頌　知 魏受禪表　知 吳仲山碑

摛 抽知切　摛 元賓碑

螭　螭 燕然銘

馳 陳知切　馳 唐公房碑　馳 魏大饗碑　馳 鄭烈碑

池　池 孫叔敖碑　池 華山亭碑　池 樊毅脩華嶽碑　池 沈子琚江堰碑

離 鄰知切　離 周公禮殿記　離 張納功德叙　離 孔廟禮器碑　離 費鳳碑陰　離 老子銘一

離 武梁畫像碑

罹　罹 鄭烈碑　罹 譙敏碑

孋　孋 郭輔碑

猗 於宜切　猗 劉熊碑

宜 魚奇切　宜 老子銘　宜 劉熊碑　宜 器物銘

儀　儀 樊毅脩華嶽碑　儀 孫叔敖碑　儀 李翕西狹頌　儀 孔宙碑　儀 楊統碑

儀 朱龜碑　儀 戚伯著碑　儀 楊統碑陰　儀 魏受禪表　儀 張平子碑　儀 北海相景君碑

爲 于嬀切　爲 石經公羊　爲 朱龜碑　爲 樊毅脩華嶽碑　爲 史晨祠孔廟銘　爲 馮緄碑

爲 孫叔敖碑　爲 夏承碑　爲 魏脩孔子廟碑　爲 楊淮碑

虧 驅爲切　虧 老子銘　虧 魏元丕碑　虧 北海相景君碑

危 虞爲切　危 王君石路碑　危 羊竇道碑　危 費鳳碑陰　危 李翕西坂碑　危 北海相景君碑

峗　峗 周憬功勳銘

六脂

祗 旨夷切 石經尚書 孔宙碑 張表碑 鄭烈碑

尸 升脂切 燕然銘

蓍 鄭固碑

師 霜夷切 孔廟置卒史碑 史晨祠孔廟銘 唐公房碑 平都侯蔣君碑 魯峻碑 楊統碑 老子銘 武梁畫像碑 燕然銘 靈臺碑

榱 所追切 史晨祠孔廟銘

推 川隹切 費鳳碑 劉寬碑 李翕坂碑

誰 視隹切 張納碑陰 鄭固碑 吳仲山碑

私 相咨切 校官碑

綏 宣隹切 石經尚書 馮緄碑 張納功德敘 孔宙碑 楊君斜谷碑

雖 石經論語 唐公房碑 孫叔敖碑 史晨祠孔廟銘 劉熊碑 郙閣頌 楊統碑 魏大饗碑

咨 津夷切 亦作諮 華山廟碑 周憬功勳銘 校官碑 劉熊碑 元賓碑

諮 郭究碑 魏脩孔子廟碑

資 袁良碑

姿 魏受禪表 李翕西狹頌 孔謙碣

粢 無極山碑 張平子碑

追 中葵切 石經論語 樊安碑 帝堯碑 孔耽神祠碑 李翊碑 張納功德敘 綏民尉熊君碑 楊淮碑

絺 抽遲切 婁壽碑

遲 陳尼切 遲 孔廟禮器碑 遲 費鳳碑 遲 魏尊號奏碑

梨 良脂切 梨 高頤碑

棃 棃 張納功德叙 棃 桐柏廟碑

藜 藜 孫叔敖碑

犂 犂 樊毅脩華嶽碑 犂 張表𣖾碑

夷 延知切 夷 石經論語 夷 唐扶頌 夷 帝堯碑 夷 馮緄碑 夷 李翊碑

夷 孔宙碑 夷 張納功德叙

侇 侇 婁壽碑

彝 彝 劉熊碑 彝 孔宙碑 彝 孫根碑 彝 魏元丕碑 彝 横海呂將軍碑

惟 夷佳切 惟 石經論語 惟 帝堯碑 惟 史晨祠孔廟銘 惟 謁者景君墓表 惟 李翕西狹頌

惟 孔宙碑 惟 夏承碑 惟 辛李君造橋碑 惟 燕然銘 惟 王君石路碑 惟 北海相景君碑

維 維 石經尚書 維 羊竇道碑 維 張納功德叙 維 魏受禪表

遺 遺 老子銘 遺 祝睦後碑 遺 楊著碑

壝 壝 魏大饗碑

唯 唯 張納功德叙 唯 老子銘

帷 于龜切 帷 州輔碑

伊 於夷切 伊 石經尚書 伊 劉熊碑 伊 劉寬後碑 伊 楊著碑

飢 居夷切 飢 樊毅復民租碑 飢 魏尊號奏碑

龜 居逵切 龜 帝堯碑 龜 靈臺碑 龜 唐公房碑陰 龜 校官碑 龜 張納碑陰

龜 朱龜碑 龜 戚伯著碑 龜 魏受禪表 龜 綏民尉熊君碑 龜 魏石經左傳

羸 倫爲切 羸 郭仲奇碑

陂 班糜切 陂 李据江瓖碑

碑 碑 孫根碑 碑 衡方碑 碑 綏民尉熊君碑 碑 孫叔敖碑 碑 唐扶頌

碑 費鳳碑陰 碑 楊統碑 碑 戚伯著碑 碑 雍勸闕碑

皮 蒲糜切 皮 張納功德叙 皮 劉熊碑陰

郫 郫 建平郫縣碑 郫 公乘伯喬題名

麋 忙皮切 麋 周憬功勳銘

卑 賓彌切 卑 樊毅脩華嶽碑 卑 華山亭碑 卑 校官碑 卑 朱龜碑 卑 魏大饗碑

裨 裨 孫根碑 裨 横海吕將軍碑

埤 頻彌切 埤 李翕西狹頌 埤 唐扶頌

彌 民卑切 彌 楊君斜谷碑 彌 王君石路碑 彌 張表碑 彌 孔廟禮器碑 彌 孔廟置卒史碑

彌 繁陽令楊君碑 彌 靈臺碑 彌 費鳳碑陰

弥 弥 張納碑陰

移 余支切 移 綏民尉熊君碑 移 樊安碑 移 繁陽令楊君碑 移 郭仲奇碑 移 武梁畫像碑

祇 翹移切 祇 樊毅脩華嶽碑 祇 桐柏廟碑 祇 楊震碑 祇 武梁畫像碑

祁 祁 侯成碑

岐 岐 婁壽碑 岐 綏民尉熊君碑 岐 校官碑 岐 魏大饗碑

闚 缺規切 闚 孟郁脩堯廟碑 闚 吳山碑

窺 窺 石經論語

規 均窺切 規 靈臺碑 規 周憬功勳銘 規 老子銘 規 劉熊碑

儀 虛宜切 儀 帝堯碑 儀 魏受禪表

義 義 老子銘

奇 渠宜切 奇 孫叔敖碑 奇 劉熊碑 奇 魏受禪表

錡 錡 孔從事碑 錡 州輔碑

琦 琦 樊毅脩華嶽碑 琦 孫根碑 琦 孔廟禮器碑

耆 渠伊切 耆 老子銘 耆 唐公房碑 耆 郭究碑

葵 渠惟切 葵 唐扶頌 葵 劉脩碑

逵 渠龜切 亦作馗 馗 華山亭碑

夔 夔 劉寬碑

丕 攀悲切 丕 劉熊碑 丕 劉寬後碑

悲 逋眉切 悲 周憬功勳銘 悲 夏承碑 悲 戚伯著碑 悲 費鳳碑陰

毗 頻脂切 毗 郭究碑 毗 劉寬碑

邳 貧悲切 邳 靈臺碑 邳 楊淮碑 邳 孔彪碑

眉 旻悲切 眉 李翊夫人碑 眉 費汎碑 眉 孔彪碑

麋 麋 王純碑 麋 北海相景君碑

尼 女夷切 尼 石經論語 尼 孔謙碣 尼 史晨祠孔廟銘 尼 桐柏廟碑 尼 呂國等題名碑

尼 祝睦後碑

七之

之 眞而切 之 石經尚書 之 帝堯碑 之 靈臺碑 之 老子銘 之 周公禮殿記

之 度尚碑 之 校官碑 之 元賓碑 之 李翕西狹頌 之 魏元丕碑 之 史晨祠孔廟碑

之 華山亭碑 ｜ 夏承碑 ｜ 樊毅脩華嶽碑 ｜ 三公山碑 ｜ 戚伯著碑

芝 唐公房碑 ｜ 張表碑 ｜ 魏受禪表 ｜ 王純碑陰 ｜ 冀州郭從事碑

緇 莊持切 ｜ 州輔碑

輜 燕然銘

詩 申之切 ｜ 郙閣頌 ｜ 綏民尉熊君碑 ｜ 夏承碑

時 辰之切 ｜ 石經尚書 ｜ 老子銘 ｜ 孫叔敖碑 ｜ 靈臺碑 ｜ 李翊碑

旹 孔宙碑 ｜ 夏承碑 ｜ 戚伯著碑 ｜ 無極山碑

而 人之切 ｜ 石經論語 ｜ 楊統碑 ｜ 史晨祠孔廟銘 ｜ 綏民尉熊君碑 ｜ 唐公房碑

而 老子銘 ｜ 孫叔敖碑 ｜ 武梁畫像碑

思 新茲切 ｜ 孫叔敖碑 ｜ 桐栢廟碑 ｜ 度尚碑 ｜ 郙閣頌 ｜ 曹騰碑陰

絲 周憬功勳銘 ｜ 張納功德叙

司 石經尚書 ｜ 靈臺碑 ｜ 孔廟置卒史碑 ｜ 李翊夫人碑 ｜ 元賓碑

司 侯成碑 ｜ 衷良碑 ｜ 唐扶頌 ｜ 楊著碑 ｜ 許戫夫人碑 ｜ 司空孔君碑

兹 津之切 ｜ 石經尚書 ｜ 靈臺碑 ｜ 樊毅脩華嶽碑 ｜ 王純碑 ｜ 華山亭碑

兹 孔宙碑 ｜ 張平子碑 ｜ 楊統碑

孜 劉熊碑 ｜ 魏受禪表

孳 武斑碑 ｜ 冀州郭從事碑

滋 樊毅復民租碑 ｜ 張納功德叙 ｜ 元賓碑 ｜ 侯成碑

詞 詳茲切 ｜ 婁壽碑

辭 殽阬君碑 ｜ 夏承碑 ｜ 張納功德叙 ｜ 華山亭碑 ｜ 祝睦後碑

辭 元賓碑 辭 楊君斜谷碑

辤 辤 孔廟置卒史碑 辭 張納碑陰 辭 白石神君碑 辭 孫根碑

祠 祠 靈臺碑 祠 孔廟置卒史碑 祠 華山亭碑 祠 李翊夫人碑 祠 孔宙碑

祠 馮緄碑 祠 孫叔敖碑

慈 牆之切 慈 張納功德敘 慈 侯成碑 慈 劉熊碑

持 澄之切 持 冀州郭從事碑 持 戚伯著碑 持 馬江碑 持 魏大饗碑

釐 陵之切 釐 帝堯碑 釐 魏受禪表

頤 盈之切 頤 鄭固碑 頤 高頤碑

貽 貽 校官碑 貽 楊震碑

詒 詒 楊統碑

怡 怡 華山亭碑 怡 張表碑

僖 虛其切 僖 袁良碑 僖 鄭烈碑 僖 魏脩孔子廟碑

熹 熹 靈臺碑 熹 桐柏廟碑 熹 周憬功勳銘 熹 孫叔敖碑

禧 禧 周憬碑陰 禧 楊統碑陰 禧 觴豆碑陰 禧 郭禧碑

熙 熙 孔宙碑 熙 燕然銘 熙 劉寬碑 熙 劉寬後碑

欺 丘其切 欺 魏元丕碑

姬 居之切 姬 孫叔敖碑 姬 李翊夫人碑 姬 張納功德敘

朞 朞 魯峻碑 朞 魏受禪表 朞 斥彰長碑

基 基 靈臺碑 基 華山亭碑 基 費鳳碑陰 基 楊統碑 基 孫根碑

基 費汎碑 基 周憬功勳銘 基 綏民尉熊君碑 基 楊著碑

箕 其李翊碑 其樊敏碑

醫 於其切 醫郎中鄭君碑 醫楊淮碑 醫許誠夫人碑

疑 魚其切 疑朱龜碑 疑校官碑 疑楊著碑

嶷 嶷桐栢廟碑 嶷孫根碑 嶷婁壽碑

其 渠之切 其石經尚書 其綏民尉熊君碑 其唐公房碑 其華山亭碑 其周憬功勳銘

其元賓碑 其衷良碑 其劉脩碑 其夏承碑 其楊統碑 其費鳳碑

其逢盛碑 其張平子碑 其楊君斜谷碑

期 期孫叔敖碑 期戚伯著碑 期夏承碑 期費鳳碑陰

棋 亦作棊 棋督郵班碑 棊冀州郭從事碑

旗 旗魏大饗碑 旗魏受禪表 旗太僕荀君碑

綦 綦楊震碑陰 綦劉寬碑陰

蘄 蘄楊統碑陰

祺 祺觴豆碑陰 祺邑國等題名碑

麒 麒觴豆碑陰 麒麟鳳碑

騏 騏夏堪碑

八微

微 無非切 微平都侯相蔣君碑 微劉寬後碑 微劉熊碑 微魏受禪表 微老子銘

菲 芳微切 菲張納功德敘

妃 妃郭輔碑 妃孔廟禮器碑

非 匪微切 非石經公羊 非老子銘

飛 通用 蜚
飛 唐扶頌
飛 郭究碑
飛 夏承碑
飛 李翊夫人碑
𩙿 夏堪碑

肥 符非切
肥 樊毅復民租碑
肥 老子銘
肥 鄭烈碑

機 居希切
機 周公禮殿記
機 老子銘
機 鄭烈碑
機 劉寬碑
機 魏受禪表

幾
幾 石經尚書
幾 高彪碑
幾 郭究碑
幾 魏受禪表

譏
譏 樊毅復民租碑
譏 樊毅脩華嶽碑
譏 老子銘

饑
饑 孔彪碑

歸 居韋切
歸 老子銘
歸 衡方碑
歸 孔廟置卒史碑
歸 唐公房碑
歸 綏民尉熊君碑
歸 孫根碑
歸 羊竇道碑
歸 繁陽令楊君碑
歸 夏承碑
歸 馮緄碑
歸 劉熊碑
歸 楊淮碑
歸 樊敏碑
歸 北海相景君碑

希 香衣切
希 夏堪碑
希 繁陽楊君碑陰

欷
欷 北海相景君碑
欷 楊震碑

睎
睎 楊統碑

暉 吁韋切
暉 綏民尉熊君碑
暉 度尚碑
暉 孫根碑
暉 繁陽令楊君碑

煇
煇 韓勑碑陰
煇 孟郁脩堯廟碑
煇 吳仲山碑

揮
揮 袁良碑

徽
徽 劉熊碑
徽 劉寬碑
徽 朱龜碑
徽 魏受禪表

翬
翬 石經公羊
翬 華山亭碑

衣 於希切
衣 羊竇道碑
衣 王純碑
衣 魏尊號奏碑
衣 陳度碑

依
依 史晨祠孔廟銘
依 靈臺碑

威 於非切
威 石經論語
威 華山亭碑
威 樊毅脩華嶽碑
威 綏民尉熊君碑
威 楊統碑

威 孫根碑 威 繁陽令楊君碑 威 樊敏碑 威 鄭烈碑 威 北海相景君碑

沂 魚衣切 沂 郭究碑 沂 辛李君造橋碑 沂 孔從事碑

巍 語韋切 巍 孔廟置卒史碑 巍 孟郁脩堯廟碑

祈 渠希切 祈 史晨祠孔廟銘 祈 華山廟碑 祈 孟郁脩堯廟碑

頎 頎 繁陽令楊君碑 頎 楊著碑

畿 畿 衷良碑 畿 張壽碑 畿 北嶽祠堂頌

崎 崎 桐栢廟碑

韋 于非切 韋 韓勑碑陰 韋 韋氏神道碑

違 違 華山亭碑 違 樊毅復民租碑 違 平都侯蔣君碑 違 冀州郭從事碑

闈 闈 繁陽令楊君碑

圍 圍 石經公羊 圍 楊君斜谷碑

九魚

魚 牛居切 魚 靈臺碑 魚 綏民尉熊君碑 魚 楊震碑

漁 漁 帝堯碑 漁 斥彰長碑

於 衣虛切 於 石經尚書 於 帝堯碑 於 綏民尉熊君碑 於 華山亭碑 於 周憬功勳銘

於 孫根碑 於 鄭固碑 於 楊君斜谷碑 於 王元賓碑

虛 休居切 虛 華山廟碑 虛 綏民尉熊君碑 虛 老子銘 虛 唐扶頌 虛 張納功德叙

虛 侯成碑 虛 費鳳碑陰

歔 歔 北海相景君碑 歔 楊震碑

噓 噓 逢盛碑

墟 丘於切 墟 張平子碑

居 斤於切 居 石經論語 居 平都侯蔣君碑 居 唐公房碑 居 劉熊碑

琚 琚 沈子琚江堰碑

車 車 華山亭碑

渠 求於切 渠 張納碑陰 渠 張平子碑

胥 新於切 胥 石經尚書 胥 孔廟禮器碑 胥 校官碑 胥 張納碑陰 胥 朱龜碑

胥 戚伯著碑 胥 楊震碑陰

沮 千余切 沮 張納功德叙 沮 魏脩孔子廟碑

坥 坥 周公禮殿記

徐 祥余切 徐 張納碑陰 徐 袁良碑 徐 馮緄碑

蔬 山於切 蔬 婁壽碑

踈 亦作疏 踈 周憬功勳銘 疏 魯峻碑 疏 劉熊碑

書 商居切 書 石經公羊 書 夏承碑 書 帝堯碑 書 馮焕神道碑 書 楊君斜谷碑

書 馮緄碑 書 孔廟置卒史碑

舒 舒 老子銘 舒 何君閣道碑 舒 劉熊碑

初 楚居切 初 華山亭碑 初 老子銘 初 武梁畫像碑 初 張表碑 初 孔從事碑

初 魏脩孔子廟碑 初 斥彰長碑

諸 專於切 諸 石經論語

鉏 牀魚切 鉏 樊敏碑

如 人余切 如 侯成碑 如 夏承碑 如 楊著碑 如 北海相景君碑 如 吳仲山碑

茹　茹 樊敏碑　茹 高頤碑　茹 謁者景君墓表

攄 抽居切　攄 郭究碑　攄 燕然銘

除 陳如切　除 孔廟置卒史碑　除 羊竇道碑　除 樊毅脩華嶽碑　除 夏承碑

儲　儲 鄭固碑　儲 魏受禪表

閭 淩如切　閭 唐扶頌　閭 樊敏碑

廬　廬 韓勑碑陰　廬 老子銘　廬 范式碑

予 羊諸切　予 石經論語　予 祝睦後碑

歟　歟 劉熊碑

輿　輿 費鳳碑陰　輿 樊安碑　輿 孫根碑

餘　餘 繁陽令楊君碑　餘 史晨祠孔廟銘　餘 孫叔敖碑　餘 樊毅復民租碑　餘 夏承碑

餘 魏尊號奏碑

璵　璵 楊統碑

十虞

虞 元俱切　虞 袁良碑　虞 孫根碑　虞 [illegible]頡碑　虞 魏尊號奏碑　虞 王純碑

愚　愚 孔廟置卒史碑　愚 李翕西狹頌　愚 費鳳碑陰　愚 魏尊號奏碑

娛　娛 李翊碑　娛 魯峻碑

嵎　嵎 張納碑陰　嵎 李翊碑

隅　隅 婁壽碑　隅 劉寬碑　隅 劉寬後碑

堣　堣 綏民尉熊君碑

于 雲俱切　于 石經論語　于 帝堯碑　于 靈臺碑　于 孔廟置卒史碑　于 張納功德敘

于 郙閣頌　于 李翕西狹頌　于 戚伯著碑　于 華山亭碑　于 樊安碑

紆 邕俱切　紆 于州輔碑

蓲　蓲 石經魯詩

區 虧于切　區 朱龜碑　區 燕然銘　區 鄭烈碑

嶇　嶇 桐柏廟碑

傴　傴 周憬功勳銘

拘 恭于切　拘 張納功德敘　拘 李翕坂碑

驅　驅 朱龜碑　驅 譙敏碑

軀　軀 徐氏紀產碑　軀 周憬功勳銘

摳　摳 唐扶頌

俱　俱 郭究碑　俱 唐公房碑　俱 戚伯著碑　俱 郙閣頌　俱 唐扶頌

駒　駒 費鳳碑陰

劬 權俱切　劬 郙閣頌

朐　朐 雍勸闕碑　朐 華山亭碑　朐 張納碑陰

衢　衢 孫根碑　衢 苑鎮碑　衢 魏尊號奏碑　衢 張平子碑

敷 芳無切　敷 周憬功勳銘　敷 孔從事碑　敷 張納功德敘　敷 魏受禪表　敷 孟郁脩堯廟碑

孚　孚 劉衡碑

夫 風無切　夫 石經公羊　夫 綏民校尉熊君碑　夫 周禮殿記　夫 費鳳碑　夫 李翊夫人碑

扶 馮無切　扶 唐扶頌　扶 劉熊碑　扶 呂國等題名碑

符　符 靈臺碑　符 老子銘　符 郭仲奇碑　符 李翕西狹頌　符 北海相景君碑

無 微夫切亦作无 無 石經尚書 𣠮 楊統碑 無 綏民尉熊君碑 無 孔廟置卒史碑 無 羊竇道碑

無 史晨祠孔廟銘 无 老子銘 無 魏脩孔子廟碑 𣠮 衷良碑 无 孟郁脩堯廟碑 无 李翕西狹頌

毋 毋 石經論語 毋 魯峻碑

巫 巫 樊敏碑

誣 誣 樊安碑

須 詢趨切 須 唐扶頌 須 唐公房碑

需 需 孔彪碑

趨 逡須切 趨 殽阬君碑 趨 校官碑 趨 繁陽令楊君碑 趨 李翕西狹頌

輸 舂朱切 輸 張納功德敘 輸 楊君斜谷碑

樞 舂朱切 樞 婁壽碑 樞 劉熊碑

朱 鍾輸切 朱 馮緄碑 朱 戚伯著碑

珠 珠 周憬功勳銘 珠 張平子碑 珠 郭從事碑

殊 慵朱切 殊 楊統碑 殊 樊毅脩華嶽碑 殊 元賓碑 殊 李翊碑 殊 老子銘

殊 平都侯蔣君碑 殊 鄭固碑

銖 銖 孫叔敖碑

洙 洙 劉寬碑

儒 汝朱切 儒 華山亭碑 儒 平都侯蔣君碑 儒 孔宙碑 儒 魯峻碑 儒 劉寬碑

儒 繁陽令楊君碑

濡 濡 衡方碑 濡 州輔碑 濡 孟郁脩堯廟碑

株 追朱切 株 孔從事碑

誅 誅樊毅脩華嶽碑 誅馮緄碑

廚 重株切 廚大鄐記殘碑 廚器物銘

俞 容朱切 俞劉熊碑 俞繁陽令楊君碑 俞魏大饗碑

逾 亦作踰 踰石經論語 踰樊毅脩華嶽碑 踰劉熊碑 踰楊統碑 踰劉寬碑

渝 渝州輔碑 渝李君西坂碑

愉 愉繁陽令楊君碑

瑜 瑜楊震碑陰

榆 榆武梁畫像碑

臾 臾唐公房碑

鄃 鄃華山廟碑

隸韻卷第一終

隸韻卷第二

上平聲下

十一模　十二齊

十三佳　十四皆

十五灰　十六咍

十七真　十八諄

十九臻　二十文

二十一欣　二十二元

二十三魂　二十四痕

二十五寒　二十六歡

二十七刪　二十八山

十一模

模 莫胡切　模 樊安碑　[illegible] 逢盛碑

謨 亦作謩　謨 張表碑　謨 郭究碑　謨 譙敏碑　謩 楊統碑

鋪 滂模切　鋪 袁良碑

租 宗蘇切　租 樊毅復民租碑

徂 叢租切　徂 郭究碑　徂 丁魴碑　徂 燕然銘

殂　殂 李翊夫人碑

酺 薄胡切　酺 侯成碑　酺 王政碑

蒲　蒲 斜谷典匠題名　蒲 張納功德敘

都 東徒切 都 帝堯碑 都 綏民尉熊君碑 都 孔廟置卒史碑 都 孔謙碣 都 馮緄碑

都 孔宙碑陰 都 戚伯著碑 都 孫叔敖碑 都 李翕西狹頌 都 唐扶頌 都 橫海呂將軍碑

都 高頤闕碑 都 交阯沈君神道

徒 同都切 徒 孔廟置卒史碑 徒 史晨祠孔廟銘 徒 唐公房碑陰 徒 周憬功勳銘 徒 衷良碑

徒 李翕西狹頌 徒 何君閣道碑 徒 楊震碑 徒 楊著碑 徒 建平郫縣碑

涂 亦作涂 涂 高彪碑 涂 魏大饗碑

塗 塗 李翊夫人碑 塗 橫海呂將軍碑 塗 唐公房碑 塗 楊君斜谷碑 塗 孫叔敖碑

荼 荼 綏民尉熊君碑

圖 圖 劉熊碑 圖 靈臺碑 圖 華山亭碑 圖 帝堯碑 圖 樊毅脩華嶽碑

圖 魯峻碑 圖 李翕西狹頌 圖 元賓碑 圖 北海相景君碑 圖 衷良碑

屠 屠 武梁畫像碑 屠 白石神君碑

盧 龍都切 盧 張表碑 盧 張平子碑 盧 桐栢廟碑 盧 楊著碑陰 盧 孔宙碑陰

盧 觴豆碑陰

壚 壚 逢盛碑

奴 農都切 奴 孫根碑 奴 魏大饗碑

胡 洪孤切 胡 石經魯詩 胡 武梁畫像碑 胡 侯成碑

乎 亦作虖 乎 石經論語 乎 周憬功勳銘 乎 帝堯碑 乎 繁陽令楊君碑 乎 劉熊碑

乎 戚伯著碑 乎 孔宙碑 虖 校官碑

壺 壺 三公山碑 壺 祝睦後碑 壺 孔廟禮器碑

弧 弧 魏大饗碑

湖　湖 華山亭碑　湖 樊安碑　湖 韓勑後碑題名　湖 孫叔敖碑

狐　狐 張平子碑　狐 樊敏碑

孤 攻乎切　孤 孫叔敖碑　孤 李翊夫人碑　孤 孫根碑　孤 武梁畫像碑　孤 劉熊碑

孤 魏尊號奏碑　孤 夏承碑　孤 吳仲山碑　孤 陳球後碑　孤 堯廟碑側

辜　辜 馮緄碑　辜 楊統碑　辜 楊震碑　辜 李翊夫人碑　辜 柳敏碑

姑　姑 費鳳碑陰　姑 李翊夫人碑

酤　酤 史晨饗孔廟碑

沽　沽 吳仲山碑

觚　觚 孔廟禮器碑

呱　呱 李翊夫人碑　呱 孫根碑　呱 尉氏令鄭君碑

枯 空胡切　枯 綏民尉熊君碑　枯 孫叔敖碑

呼 荒胡切亦作嘑　呼 樊安碑　呼 唐公房碑　呼 老子銘　呼 侯成碑　呼 校官碑

呼 夏承碑　呼 李翊碑　呼 費鳳碑　呼 孫根碑　嘑 譙敏碑　呼 李翊夫人碑

呼 綏民尉熊君碑　呼 吳仲山碑　呼 夏堪碑

吾 訛胡切　吾 石經公羊　吾 燕然銘　吾 孫叔敖碑　吾 費鳳碑陰

吳　吳 華山亭碑　吳 殽阬君碑陰　吳 魏大饗碑　吳 武梁畫像碑　吳 費鳳碑陰

吳 綏民尉熊君碑　吳 魯峻碑　吳 鄭烈碑　吳 吳仲山碑　吳 劉寬碑陰

梧　梧 魏尊號奏碑

麤 倉胡切　麤 晉鄐斑碑

麁　麁 婁壽碑

烏 汪胡切 烏 綏民校尉熊君碑 烏 李翊碑 烏 樊安碑 烏 費鳳碑 烏 魏大饗碑

烏 武梁碑

嗚 嗚 侯成碑 嗚 夏承碑

蘇 孫租切 蘇 石經公羊 蘇 徐氏紀產碑 蘇 孔從事碑 蘇 魏大饗碑

十二齊

齊 前西切 齊 石經尚書 齊 劉寬碑 齊 武梁畫像碑 齊 孔宙碑 齊 魏受禪表

齊 逢盛碑

西 先齊切 西 馮緄碑 西 史晨祠孔廟銘 西 樊敏碑 西 魏受禪表 西 李君西坂碑

栖 亦作棲 栖 費鳳碑 栖 魏脩孔子廟碑 棲 李翊碑

犀 犀 周憬功勳銘

妻 千西切 妻 唐公房碑 妻 戚伯著碑

悽 悽 費鳳碑陰 悽 戚伯著碑 悽 馬江碑

齎 牋西切 齎 楊震碑陰

隄 都黎切 隄 劉熊碑陰

堤 堤 孫叔敖碑

磾 磾 石經公羊

題 田黎切 題 樊敏碑

提 提 周憬功勳銘

泥 年題切 泥 石經論語 泥 李翊夫人碑 泥 劉寬碑陰 泥 夏堪碑

埿 埿 費鳳碑陰

黎 憐題切　黎 魏受禪表　黎 張平子碑

雞 堅奚切　雞 石經論語　雞 燕然銘

稽　稽 綏民尉熊君碑　稽 祝睦後碑　稽 郙閣頌　稽 老子銘　稽 魏尊號奏碑

稽 唐扶頌　稽 樊敏碑　稽 劉寬碑　稽 魏受禪表

谿 牽奚切亦作溪　谿 石經公羊　谿 郙閣頌　谿 李翕西狹頌　谿 羊竇道碑　溪 馮緄碑

兮 弦雞切　兮 石經魯詩　兮 帝堯碑　兮 靈臺碑　兮 綏民尉熊君碑　兮 郙閣頌

兮 周憬功勳銘　兮 樊敏碑　兮 柳敏碑　兮 鄭三益碑

奚　奚 楊震碑　奚 綏民尉熊君碑　奚 費汎碑

輗 研奚切　輗 三公山碑

圭 涓畦切或作珪　圭 華山廟碑　珪 平都侯蔣君碑　珪 唐扶頌　珪 孫根碑

閨　閨 唐扶頌　閨 李翊夫人碑

奎 傾畦切　奎 史晨祠孔廟銘

攜 奚圭切　攜 辛李君造橋碑　攜 張平子碑　攜 楊統碑

迷 緜批切　迷 費鳳碑　迷 劉寬碑

十三佳

佳 居鞋切　佳 曹騰碑陰

街　街 張納碑陰　街 侯成碑

崖 宜佳切　崖 羊竇道碑　崖 李翕狹頌　崖 辛李君造橋碑

涯　涯 靈臺碑

柴 鉏佳切　柴 劉熊碑　柴 劉寬碑陰　柴 斥彰長碑

祡 祡 樊毅脩華嶽碑

十四皆

皆 居諧切 皆 石經公羊 皆 史晨祠孔廟銘 皆 羊竇道碑 皆 劉寬碑 皆 楊震碑

皆 元賓碑 皆 夏承碑

階 階 孟郁脩堯廟碑 階 費汎碑 階 張表碑 階 北海相景君碑

喈 喈 張公神碑

諧 雄皆切 諧 張納功德敘 諧 張平子碑 諧 劉脩碑

乖 公懷切 乖 張納功德敘

懷 乎乖切 懷 石經尚書 懷 張平子碑 懷 楊紡碑 懷 孫叔敖碑 懷 劉寬後碑

懷 費鳳碑陰 懷 郭輔碑 懷 桐柏廟碑

十五灰

灰 呼回切 灰 周公禮殿記

恢 枯回切 恢 史晨祠孔廟銘 恢 高彪碑 恢 孫根碑 恢 祝睦後碑 恢 燕然銘

恢 魏大饗碑 恢 太僕荀君碑

魁 魁 大嚮記殘碑 魁 楊君斜谷碑

瓌 姑回切 亦作瑰 瓌 張納碑陰 瓌 魏大饗碑 瑰 金鄉長薛君碑

回 胡瑰切 回 婁壽碑 回 羊竇道碑 回 李翊夫人碑

佪 佪 平都侯蔣君碑 佪 北海相景君碑

洄 洄 周憬功勲銘

嵬 吾回切 嵬 李翕西狹頌

頹 徒回切 頹 侯成碑 頹 周憬功勳銘

雷 盧回切 雷 魏大饗碑 雷 周公禮殿記

崔 倉回切 崔 唐公房碑 崔 張平子碑

催 催 徐氏紀產碑

縗 縗 費鳳碑陰 縗 尉氏令鄭君碑

摧 徂回切 摧 郭究碑 摧 北海相景君碑

慛 慛 李翊夫人碑 慛 繁陽令楊君碑 慛 楊著碑

裴 蒲枚切 裴 張納碑陰

陪 陪 樊敏碑

十六咍

開 丘哀切 亦作闓 開 衷良碑 闓 祝睦後碑 開 周憬功勳銘 闓 孔從事碑 開 劉寬碑

開 孔從事碑 開 楊君斜谷碑 闓 孔廟後碑題名

該 柯開切 該 楊震碑 該 魏受禪表 該 張平子碑 該 張表碑

垓 垓 楊震碑 垓 楊君斜谷碑

孩 何開切 孩 婁壽碑 孩 逢盛碑

哀 於開切 哀 石經論語 哀 樊毅脩華嶽碑 哀 綏民尉熊君碑 哀 張納碑陰 哀 衷良碑

哀 樊安碑 哀 夏承碑 哀 費鳳碑 哀 魏受禪表 哀 譙敏碑 哀 夏堪碑

胎 湯來切 胎 李翊夫人碑 胎 逢盛碑

台 台 張表碑 台 唐扶頌 台 北海相景君碑

臺 堂來切 臺 靈臺碑 臺 司馬孟臺神道 臺 靈臺碑陰 臺 衷良碑 臺 樊敏碑

臺 魏大饗碑 臺 孟郁脩堯廟碑

來 郎才切 來 石經魯詩 來 孔廟置卒史碑 來 靈臺碑 來 樊毅脩華嶽碑 來 綏民尉熊君碑

来 元賓碑 來 張平子碑 来 唐公房碑 来 魏大饗碑 来 李翕西狹頌

萊 萊 楊震碑 萊 李翊碑 萊 武梁畫像碑 萊 夏承碑 萊 唐扶頌

徠 徠 唐公房碑

褢 褢 李翊碑 褢 郭究碑 褢 周公禮殿記 褢 鄭固碑

櫰 櫰 孔從事碑

褱 褱 婁壽碑 褱 北海相景君碑

櫆 櫆 劉寬碑陰

淮 淮 樊毅復民租碑 淮 楊淮碑

差 初皆切 差 樊毅復民租碑

齋 莊皆切 齋 華山亭碑

排 蒲皆切 排 李君畾坂碑 排 帝堯碑

俳 俳 平都侯蔣君碑

埋 謨皆切 埋 樊毅脩華嶽碑 埋 孫叔敖碑

哉 將來切 哉 石經尚書 哉 李翕西狹頌 哉 樊安碑 哉 武梁碑 哉 譙敏碑

哉 魏脩孔子廟碑 哉 夏承碑 哉 侯成碑 哉 費鳳碑 哉 夏堪碑

災 亦作灾裁 災 石經公羊 災 綏民尉熊君碑 災 樊毅脩華嶽碑 災 魏大饗碑 灾 靈臺碑

灾 桐柏廟碑 灾 平都侯蔣君碑 灾 張公神碑 裁 魏石經左傳

栽 牆來切 栽 李翊夫人碑 栽 金鄉長薛君碑

才 才袁良碑 才戚伯著碑 才魏脩孔子廟碑 才張平子碑

材 材老子銘 材魏受禪表

財 財李翕西狹頌 財郭究碑 財馮緄碑 財楊淮碑 財費鳳碑

十七眞

眞 之人切 眞帝堯碑 眞老子銘 眞孔宙碑 眞唐公房碑 眞譙敏碑

甄 甄華山亭碑 甄綏民尉熊君碑 甄楊震碑 甄武梁碑 甄張納功德敘

申 升人切 申綏民尉熊君碑 申鄭烈碑 申張納功德敘

身 身石經論語 身老子銘 身孔宙碑 身侯成碑 身李翊碑

身 戚伯著碑 身樊敏碑 身武梁畫像碑 身橫海呂將軍碑 身唐公房碑 身北海相景君碑

伸 伸楊震碑

呻 呻平輿令薛君碑

紳 紳繁陽令楊君碑 紳婁壽碑 紳劉寬碑 紳楊著碑 紳鄭烈碑

辰 丞眞切 辰孔廟置卒史碑 辰劉熊碑 辰辛李君造橋碑 辰唐公房碑 辰樊安碑

晨 晨史晨祠孔廟銘 晨郭究碑

臣 臣石經公羊 臣楊統碑 臣孔廟置卒史碑 臣史晨祠孔廟銘 臣詔賜功臣家字

臣 魏尊號奏碑 臣夏承碑 臣樊敏碑 臣楊淮碑 臣孔耽碑後字

神 乘人切 神靈臺碑 神孔耽神祠碑 神張公神碑 神老子銘 神交阯沈君神道

神 龐公神道 神緜竹君神道 神張平子碑 神吳仲山碑

人 而鄰切 人石經尚書 人孔廟置卒史碑 人靈臺碑 人李翕西狹頌 人夏承碑

人 元賓碑 人繁陽令楊君碑

仁 仁石經論語 仁周憬功勳銘 仁老子銘 仁孫根碑 仁高彪碑

仁戚伯著碑 仁楊君斜谷碑 仁夏承碑

辛 斯人切 辛張表碑 辛仲秋下旬碑 辛費鳳碑 辛祝睦後碑 辛沈子琚江堰碑

新 新樊毅脩華嶽碑 新劉熊碑 新交阯沈君神道 新侯成碑 新白石神君碑

薪 薪魯峻碑 薪孫叔敖碑

親 雌人切 親石經論語 親華山亭碑 親張納功德敘 親元賓碑 親鄭烈碑

親李翊夫人碑 親北海相景君碑

津 資辛切 津石經論語 津夏堪碑 津夏承碑

秦 慈鄰切 秦衷良碑 秦樊毅脩華嶽碑 秦楊統碑 秦王元賓碑

繽 紕民切 繽劉熊碑

賓 卑民切 賓石經尚書 賓李翕西狹頌 賓樊毅脩華嶽碑 賓孔從事碑 賓元賓碑

賓張偉伯穿中記 賓唐公房碑

濱 濱靈臺碑 濱羊竇道碑 濱樊敏碑

儐 儐孫根碑

頻 毗賓切 頻張納功德敘

嬪 嬪李翊夫人碑

民 彌鄰切 民石經尚書 民帝堯碑 民鬱尉熊君碑 民樊毅脩華嶽碑 民孔宙碑

民李翕西狹頌 民張納功德敘 民孫叔敖碑 民校官碑 民楊統碑 民魯峻碑

民雍勸闕碑 民繁陽令楊君碑 民陳球碑陰

泯 泯義井碑陰 泯張平子碑

彬 悲巾切 林 祝睦後碑 杉 魏孔子廟碑

邠 亦作豳 邠 張納碑陰 豳 祝睦後碑

貧 皮巾切 貧 靈臺碑 貧 郙閣頌 貧 孫叔敖碑 貧 樊安碑

岷 眉巾切 岷 大禹記殘碑

旻 旻 周公禮殿記 旻 李翊碑 旻 張表碑 旻 郭旻碑

緡 緡 劉寬碑陰

珍 知鄰切 珍 樊毅脩華嶽碑 珍 祝睦後碑 珍 鄭固碑 珍 魏上尊號奏碑 珍 孔從事碑

珍 魏受禪表 珍 王君石路碑

陳 池鄰切 陳 石經尚書 陳 張納碑陰 陳 何君閣道碑 陳 李翕西狹頌 陳 校官碑

陳 楊震碑 陳 孔宙碑 陳 老子銘 陳 處士嚴發碑

塵 塵 鄭烈碑 塵 桐柏廟碑

鄰 離珍切 俗作隣 鄰 婁壽碑 隣 郙閣頌 鄰 繁陽令楊君碑 鄰 横海將軍碑 鄰 譙敏碑

鄰 孔從事碑 鄰 武梁畫像碑 鄰 北海相景君碑

鱗 鱗 靈臺碑

麟 麟 史晨祠孔廟銘 麟 羊竇道碑 麟 孔宙碑陰

十八諄

春 樞倫切 春 石經公羊 春 孔廟置卒史碑 春 帝堯碑 春 馮緄碑 春 桐柏廟碑

春 孔謙碣 春 何君閣道碑 春 武梁畫像碑 春 唐公房碑 春 楊君斜谷碑

純 殊倫切 純 綏民尉熊君碑 純 孫叔敖碑 純 張表碑 純 魯峻碑 純 孟郁脩堯廟碑

純 繁陽楊君碑陰 純 劉君碑

醇 醇 樊毅脩華嶽碑 醇 劉熊碑 醇 婁壽碑 醇 孔宙碑 醇 繁陽令楊君碑

醇 魏受禪表 醇 鄭烈碑

淳 淳 夏承碑 淳 劉寬碑陰 淳 北海景君碑陰

鶉 鶉 高彪碑

荀 須倫切 荀 樊毅脩華嶽碑 荀 樊毅復民租碑

詢 詢 劉寬碑 詢 劉熊碑 詢 孟郁脩堯廟碑

恂 恂 楊著碑 恂 王純碑

洵 洵 劉寬後碑

逡 七倫切 逡 鄭固碑

遵 蹤倫切 遵 華山廟碑 遵 靈臺碑 遵 孫根碑 遵 樊毅脩華嶽碑 遵 劉寬碑

遵 魏受禪表 遵 北海相景君碑

旬 松倫切 旬 張納碑陰 旬 馮緄碑 旬 夏承碑 旬 樊敏碑 旬 楊君斜谷碑

巡 巡 樊毅脩華嶽碑 巡 綏民尉熊君碑 巡 楊統碑 巡 張平子碑

循 循 魯峻碑 循 費鳳碑陰 循 劉熊碑 循 平都侯蔣君碑

屯 株倫切 屯 馮緄碑

窀 窀 孔宙碑

倫 龍春切 倫 石經論語 倫 張納功德叙 倫 孫叔敖碑 倫 周憬功勳銘 倫 繁陽令楊君碑

倫 侯成碑

淪 淪 魏脩孔子廟碑 淪 張表碑

輪 輪 繁陽令楊君碑 輪 魏大饗碑 輪 唐扶頌

因 伊眞切　因 樊毅脩華嶽碑　因 袁良碑　因 華山亭碑　因 孫叔敖碑　因 張公神碑
因 費汎碑
姻 亦作婣　姻 州輔碑　婣 平輿令薛君碑　姻 陳度碑
禋　禋 魏尊號奏碑
堙 亦作陻　堙 殽阬君碑　堙 樊毅脩華嶽碑

湮　湮 周憬功勳銘
寅 夷眞切　寅 石經尚書　寅 孔廟置卒史碑　寅 綏民校尉熊君碑　寅 李翕西狹頌　寅 燕然銘
寅 平都侯蔣君碑　寅 楊著碑陰
鈞 規倫切　鈞 魏脩孔子廟碑
均　均 劉熊碑　均 東海廟碑　均 郙閣頌　均 魏大饗碑

巾 居銀切　巾 衡方碑　巾 袁良碑
銀 魚巾切　銀 綏民校尉熊君碑　銀 郙閣頌　銀 唐公房碑陰　銀 馮緄碑　銀 費鳳碑陰
銀 戚伯著碑　銀 楊著碑
誾　誾 唐扶頌

十九臻

臻 側詵切　臻 劉熊碑　臻 史晨祠孔廟銘　臻 樊敏碑　臻 魏受禪表　臻 蔡湛頌
臻 周憬功勳銘
莘 疏臻切　莘 婁壽碑　莘 魏脩孔子廟碑

二十文

文 無分切　文 石經公羊　文 孔廟置卒史碑　文 孔宙碑　文 綏民校尉熊君碑　文 魏受禪表

文 唐公房碑陰 文 孟郁脩堯廟碑
汶 汶 樊毅脩華嶽碑 汶 樊敏碑
聞 聞 石經公羊 聞 帝堯碑 聞 楊著碑 聞 孫根碑 聞 張表碑
蚊 蚊 唐公房碑
芬 敷文切 芬 帝堯碑 芬 桐柏廟碑 芬 李翊碑 芬 北海相景君碑

氛 氛 鄭固碑
分 方文切 分 石經論語 分 樊毅脩華嶽碑 分 綏民尉熊君碑 分 老子銘 分 周憬功勳銘
分 劉熊碑 分 祝睦後碑 分 王純碑 分 羊竇道碑 分 孫叔敖碑 分 平輿令薛君碑
分 李翊夫人碑 分 孫根碑 分 北海相景君碑
汾 符分切 汾 靈臺碑 汾 張納功德叙 汾 劉寬碑陰

棼 棼 魏受禪表
燌 燌 燕然銘
墳 墳 馮緄碑 墳 張平子碑 墳 劉寬碑
賁 賁 張納功德叙
雲 于分切 雲 樊毅脩華嶽碑 雲 元賓碑 雲 何君閣道碑 雲 劉寬碑 雲 唐公房碑

雲 侯成碑 雲 費鳳碑陰 雲 鄭烈碑 雲 武梁畫像碑 雲 楊震碑 雲 郭仲奇碑
耘 耘 石經論語 耘 三公山碑
沄 沄 張納功德叙 沄 周憬功勳銘
云 云 老子銘 云 郭輔碑 云 綏民尉熊君碑
煴 於云切 煴 魏受禪表 煴 魏脩孔子廟碑 煴 孟郁脩堯廟碑

薰 許云切 薰 夏承碑

勳 亦作勛 勳 劉寬後碑 勳 劉熊碑 勳 武梁畫像碑 勳 楊著碑 勳 張納功德敘

勛 靈臺碑 勛 樊毅脩華嶽碑 勛 衷良碑

君 拘云切 君 石經尚書 君 緜竹邑君神道 君 靈臺碑 君 丁魴碑 君 華山亭碑

君 老子銘 君 何君閣道碑 君 元賓碑 君 唐公房碑 君 雍勸闕碑 君 高頤闕碑

君 李翊碑 君 王君石路碑 君 羊竇道碑 君 夏承碑 君 戚伯著碑 君 孫叔敖碑

軍 軍 綏民尉熊君碑 軍 樊敏碑 軍 祝睦後碑 軍 魏大饗碑 軍 郭究碑

軍 魏尊號奏碑

羣 渠云切 羣 華山亭碑 羣 衷良碑 羣 殽阬君碑陰 羣 夏承碑 羣 費鳳碑陰

羣 曹騰碑陰

二十一欣

欣 許斤切 亦作訢 欣 劉熊碑 欣 楊統碑 欣 魏脩孔子廟碑 欣 楊君斜谷碑 訢 靈臺碑陰

訢 孔從事碑 訢 桐柏廟碑

昕 昕 張納碑陰

斤 舉欣切 斤 侯鉦銘字

勤 渠斤切 勤 劉熊碑 勤 樊毅脩華嶽碑 勤 郙閣頌 勤 孫叔敖碑 勤 李翊碑

勤 魏尊號奏碑

懃 懃 孔廟禮器碑

圻 魚斤切 圻 楊統碑 圻 孫根碑 圻 魏大饗碑

二十二元

元 愚袁切 元 石經尚書 元 孔廟置卒史碑 元 史晨祠孔廟銘 元 馮緄碑 元 綏民尉熊君碑

元 武斑碑 元 楊君斜谷碑 元 唐公房碑陰 元 吳仲山碑 元 种君石虎刻字

原 原 馮緄碑 原 靈臺碑 原 老子銘 原 江原長進德碣 原 楊君斜谷碑

原 孔廟置卒史碑 原 孔從事碑

源 源 郙閣頌 源 桐柏廟碑 源 孫叔敖碑 源 劉熊碑 源 橫海呂將軍碑

袁 于元切 袁 華山廟碑 袁 袁良碑 袁 圉令趙君碑 袁 孔從事碑

爰 爰 帝堯碑 爰 張納功德叙 爰 繁陽令楊君碑 爰 魏大饗碑 爰 譙敏碑

爰 魏脩孔子廟碑

援 援 史晨祠孔廟銘

園 園 魯峻碑 園 唐扶頌

轅 轅 魏脩孔子廟碑 轅 繁陽令楊君碑

湲 湲 繁陽令楊君碑

寃 於袁切 寃 校官碑 寃 張納功德叙 寃 夏承碑

言 魚軒切 言 石經魯詩 言 費鳳碑 言 楊君斜谷碑 言 魏受禪表 言 馮緄碑

言 老子銘

軒 虛言切 軒 州輔碑 軒 夏承碑

翻 孚袁切 翻 元賓碑 翻 楊統碑 翻 費鳳碑

璠 璠 楊統碑

番 番 白石神君碑

轓 轓 費鳳碑陰 轓 夏承碑

藩 方煩切亦作蕃 袁良碑 北海相景君碑 孫叔敖碑 高彪碑 李翊夫人碑

蕃 孔從事碑

煩 符表切 劉熊碑 李翊夫人碑 辛李君造橋碑 孔廟禮器碑

緐 魏受禪表 楊震碑 夏承碑 唐公房碑 樊毅脩華嶽碑

墦 孟郁脩堯廟碑

燔 魏受禪表

樊 華山亭碑 樊安碑 李翊夫人碑 橫海呂將軍碑 孔從事碑

二十三魂

魂 胡昆切 侯成碑 樊安碑 夏承碑 孔耽神祠碑 鄭固碑

䰟 戚伯著碑 李翊夫人碑

渾 張平子碑

昆 公渾切 元賓碑 張表碑 唐扶頌 張公神碑

溫 烏昆切 石經論語 祝睦後碑 魯峻碑 侯成碑 繁陽令楊君碑

温 婁壽碑 孫根碑 園令趙君碑

昏 呼昆切 李翊夫人碑 劉熊碑陰

婚 劉曜碑

閽 繁陽令楊君碑

坤 枯昆切 孟郁脩堯廟碑 孔廟置卒史碑 魏脩孔子廟碑 樊毅脩華嶽碑

奔 通昆切 繁陽令楊君碑 桐栢廟碑 費鳳碑陰 徐氏紀産碑 北海相景君碑

盆 蒲奔切 郙閣頌

門 謨奔切 門 石經論語 門 東海廟碑 門 靈臺碑 門 王純碑

孫 蘇昆切 孫 靈臺碑陰 孫 孔廟置卒史碑 孫 綏民尉熊君碑 孫 孫叔敖碑 孫 老子銘

孫 樊安碑 孫 樊敏碑 孫 馮煥碑陰 孫 夏承碑 孫 戚伯著碑 孫 楊淮碑

尊 祖昆切 尊 石經論語 尊 史晨祠孔廟銘 尊 楊君斜谷碑 尊 何君閣道碑 尊 孔宙碑

尊 無極山碑 尊 唐公房碑 尊 唐扶頌 尊 老子銘

存 祖尊切 存 孟郁脩堯廟碑 存 史晨祠孔廟銘 存 華山亭碑 存 綏民尉熊君碑 存 孫叔敖碑

存 劉寬碑 存 老子銘 存 魏受禪表 存 橫海吕將軍碑 存 李翊夫人碑

敦 都昆切 敦 孫叔敖碑 敦 綏民尉熊君碑 敦 圉令趙君碑 敦 平都侯蔣君碑 敦 孔從事碑

敦 唐扶頌 敦 張納功德叙

涒 涒 孔廟禮器碑

屯 徒渾切 屯 魯峻碑 屯 朱龜碑

論 盧昆切 論 馮緄碑 論 元賓碑

二十四痕

吞 他根切 吞 魏尊號奏碑

根 古痕切 根 孔廟脩後碑 根 朱龜碑 根 孫根碑 根 北海相景君碑 根 劉寬碑

恩 烏痕切 恩 靈臺碑 恩 樊毅脩華嶽碑 恩 孫叔敖碑 恩 夏承碑 恩 李翊夫人碑

恩 繁陽令楊君碑 恩 羊竇道碑 恩 吴仲山碑

二十五寒

寒 河干切 寒 袁良碑 寒 樊毅復民租碑 寒 楊君斜谷碑 寒 武梁畫像碑

韓 韓 樊敏碑 韓 馮緄碑 韓 楊君斜谷碑 韓 樊安碑

邯 邯 雍勸闕碑 邯 韓敕碑陰 邯 尉氏鄭君碑陰

刊 止寒切 刊 樊毅脩華嶽碑 刊 繁民尉熊君碑 刊 衷良碑 刊 孔宙碑 刊 劉寬後碑

刊 李翕西狹頌

栞 栞 魯峻碑

干 居寒切 干 樊毅脩華嶽碑 干 張平子碑 干 孫根碑

肝 肝 費鳳碑陰

玕 玕 唐扶頌

安 於寒切 安 桐栢廟碑 安 樊安碑 安 張納碑陰 安 劉寬碑 安 楊君斜谷碑

安 戚伯著碑 安 孔從事碑 安 銅雀瓦銘

湌 于安切 湌 高彪碑

殘 財干切 殘 北海相景君碑 殘 魯峻碑 殘 楊君斜谷碑

單 多寒切 單 辛李君造橋碑

丹 丹 老子銘 丹 費鳳碑陰 丹 魏受禪表 丹 益州守無名碑 丹 孔彪碑

鄲 鄲 雍勸闕碑 鄲 韓敕碑陰 鄲 孫根碑

壇 唐干切 壇 孫叔敖碑 壇 孔從事碑 壇 魏大饗碑 壇 武梁石碑 壇 鄭固碑

檀 檀 孔從事碑 檀 高彪碑

彈 彈 劉熊碑 彈 樊敏碑 彈 夏承碑 彈 魯峻碑

欄 郎干切 欄 孟郁脩堯廟碑

蘭 蘭 靈臺碑 蘭 孔謙碣 蘭 侯成碑 蘭 夏承碑 蘭 武梁畫像碑

蘭 李翊夫人碑 蘭 孟郁脩堯廟碑

灡 灡 周憬功勳銘

難 那干切 難 石經論語 難 羊竇道碑 難 譙敏碑 難 李翕西狹頌 難 費鳳碑陰

難 楊君斜谷碑

二十六歡

歡 呼官切 歡 費鳳碑陰 歡 魏脩孔子廟碑 歡 唐扶頌 懽 李翕西狹頌 懽 孟郁脩堯廟碑

驩 驩 李翊碑 驩 魏大饗碑 驩 武梁畫像碑

寬 枯官切 寬 石經論語 寬 平都侯蔣君碑 寬 張納功德叙 寬 楊統碑 寬 劉寬碑

寬 楊震碑

官 沽丸切 官 綏民校尉熊君碑 官 史晨祠孔廟銘 官 校官碑 官 華山亭碑 官 張納碑陰

官 郙閣頌 官 魯峻碑 官 羊竇道碑 官 劉寬碑 官 費汎碑 官 夏承碑

冠 冠 北海相景君碑

觀 觀 咸伯著碑 觀 老子銘 觀 武榮碑 觀 魏大饗碑 觀 劉寬碑

觀 楊著碑 觀 吳仲山碑

莞 莞 鄭烈碑

棺 棺 孫叔敖碑 棺 費鳳碑

潘 鋪官切 潘 校官碑 潘 孫叔敖碑 潘 馮緄碑

槃 蒲官切 槃 郭究碑

盤 盤 劉寬碑 盤 大饗記殘碑

鞶 鞶 孫根碑

磐 磐 王君石路碑 磐 華山亭碑 磐 侯成碑

蟠 蟠鄭烈碑

酸 蘇官切 酸費鳳碑 酸無名碑陰題名

鑽 祖官切 鑽橫海呂將軍碑 鑽費鳳碑陰

欑 徂丸切 欑魏石經左傳

端 多官切 端石經論語 端徐氏紀產碑 端華山亭碑 端史晨祠孔廟銘

湍 他官切 湍周憬功勳銘

鸞 盧丸切 鸞朱龜碑

二十七刪

刪 師姦切 刪 刪史晨祠孔廟銘

關 姑還切 關衷良碑 關郙閣頌 關魏尊號奏碑 關高頤碑 關孔從事碑

還 胡關切 還郙閣頌 還老子銘 還孫叔敖碑 還魯峻碑 還馮緄碑

還繁陽令楊君碑 還吳仲山碑

環 環王元賓碑

姦 居顏切 姦侯成碑 姦夏承碑

頑 五還切 頑樊毅脩華嶽碑 頑張表碑 頑劉熊碑 頑魏尊號奏碑

隸韻 卷二

顏 牛姦切 顏石經公羊 顏李翊碑 顏史晨祠孔廟銘

班 逋還切 班楊統碑 班魏受禪表 班郭究碑 班老子銘

斑 斑樊毅脩華嶽碑 斑郙閣頌 斑楊著碑 斑唐扶頌

攀 披班切 攀橫海呂將軍碑 攀繁陽令楊君碑 攀平輿令薛君碑

蠻 謨還切 蠻張納功德敘 蠻楊統碑 蠻唐扶頌 蠻魏受禪表 蠻楊信碑

二十八山

山 師閒切 山 石經魯詩 山 樊毅復民租碑 山 桐柏廟碑 山 綏民尉熊君碑 山 李翕坂碑

山 楊統碑 山 譙敏碑 山 李翕西狹頌 山 夏承碑 山 祝睦後碑 山 戚伯著碑

山 周憬功勳銘

潺 鉏山切 潺 繁陽令楊君碑

閑 何閒切 閑 校官碑 閑 繁陽令楊君碑

閒 居閑切 閒 魏尊號奏碑 閒 周公禮殿記 閒 孔宙碑

艱 艱 楊君斜谷碑 艱 辛李君造橋碑 艱 劉脩碑

鰥 姑頑切 鰥 北海相景君碑 鰥 孫叔敖碑 鰥 魏石經左傳

隸韻卷第二終

隸韻卷第三

下平聲上

一先　二僊

三蕭　四宵

五爻　六豪

七歌　八戈

九麻　十陽

十一唐

一先

先蘇前切　先石經尚書　先張平子碑　先北海相景君碑　先華山亭碑　先老子銘

先孔廟置卒史碑　先綏民尉熊君碑　先靈臺碑　先劉寬後碑　先王稚子闕碑　先夏承碑

千倉先切　千石經論語　千樊毅復民租碑　千史晨祠孔廟銘　千武梁畫像碑　千向君閣道碑

千魏受禪表　千楊震碑

戔則前切　戔劉熊碑

前才先切　前石經公羊　前費汎碑　前孫根碑　前綏民尉熊君碑　前魏受禪表

前武梁畫像碑　前楊君斜谷碑　前費鳳碑陰　前夏承碑

邊卑眠切　邊魏上尊號奏碑　邊老子銘

匽　匽校官碑

邊　邊孔廟禮器碑

編　編魏脩孔子廟碑

顛 多年切　顛 石經論語　顛 楊君斜谷碑　顛 北海相景君碑　顛 李翊夫人碑　顛 鄭固碑

天 他年切　天 石經尚書　天 綏民尉熊君碑　天 華山亭碑　天 李翊夫人碑　天 楊君斜谷碑

兲 無極山碑　天 孟郁脩堯廟碑　天 鄭烈碑

田 亭年切　田 石經尚書　田 華山亭碑

填　填 老子銘　塡 周憬功勳銘　填 侯成碑

年 寧田切　年 石經尚書　年 周公禮殿記　年 唐公房碑　年 華山廟碑　年 鄭烈碑

年 楊淮碑　年 燕然銘　年 楊君斜谷碑　年 武梁碑　年 綏民尉熊君碑　年 史晨祠孔廟銘

年 孔謙碣　年 繁陽令楊君碑　年 夏承碑　年 華山亭碑　年 祝睦後碑　年 徐氏紀產碑

年 費汎碑　年 王君石路碑　年 白石神君碑　年 巴官鐵盆銘　年 吴仲山碑　年 漢磚銘

蓮 靈年切　蓮 劉寬碑陰　蓮 觴豆碑陰

堅 經天切　堅 孫叔敖碑　堅 費鳳碑　堅 中部碑　堅 費鳳碑陰　堅 李翕西狹頌

賢 胡田切　賢 石經論語　臤 校官碑　賢 孔從事碑　賢 唐公房碑　賢 楊君斜谷碑

弦　弦 魏大饗碑　弦 帝堯碑　弦 北海相景君碑

煙 因肩切　煙 史晨祠孔廟銘

烟　烟 魏脩孔子廟碑　烟 魏受禪表

隸韻　卷三

燕　燕 燕然銘　燕 夏承碑　燕 楊震碑陰

研 倪堅切　研 朱龜碑　研 鄭烈碑　研 張平子碑　研 孫根碑

蠲 圭淵切　蠲 楊著碑　蠲 魯峻碑　蠲 孔彪碑

淵 縈年切　淵 李翊夫人碑　淵 周憬功勳銘　淵 孟郁脩堯廟碑　淵 夏承碑　淵 度尚碑

淵 楊君斜谷碑　淵 鄭烈碑　淵 北海相景君碑

二僊

僊 相然切亦作仙　僊 袁良碑　僊 靈臺碑　僊 華山廟碑　仙 唐公房碑　仙 孔從事碑

鮮 亦作鱻　鮮 費鳳碑　鮮 朱龜碑　鮮 魏大饗碑　鱻 武榮碑

遷 親然切　遷 平都侯蔣君碑　遷 樊安碑　遷 楊統碑　遷 靈臺碑　遷 州輔碑

遷 魏受禪表　遷 孫根碑　遷 楊淮碑　遷 楊著碑　遷 鄭烈碑　遷 孔宙碑

遷 綏民尉熊君碑　遷 孔彪碑

錢 財仙切　錢 靈臺碑陰　錢 孔廟置卒史碑　錢 史晨祠孔廟銘　錢 孟郁脩堯廟碑　錢 唐公房碑

錢 帝堯碑　錢 孫叔敖碑　錢 李翕西狹頌

旃 諸延切　旃 劉熊碑

蟬 時連切　蟬 老子銘

單

單 魏受禪表　單 魏大饗碑

潺 鋤連切　潺 周憬功勳銘

然 如延切　然 石經論語　然 楊統碑　然 魏尊號奏碑　然 劉熊碑　然 綏民尉熊君碑

然 帝堯碑　然 樊敏碑　然 高彪碑

廛 呈延切　廛 校官碑

連 陵延切　連 武梁畫像碑　連 費鳳碑　連 孔從事碑　連 魏尊號奏碑　連 魯峻碑陰

延 夷然切　延 石經尚書　延 靈臺碑　延 華山廟碑　延 周公禮殿記　延 桐柏廟碑

延 綏民尉熊君碑　延 鄭固碑　延 元賓碑　延 李翊碑　延 江原長進德碣　延 辛李君造橋碑

延 魏尊號奏碑　延 羊竇道碑　延 劉寬碑陰

筵

筵 靈臺碑　筵 史晨祠孔廟銘

焉 尤虔切 焉 石經論語 焉 孟郁脩堯廟碑 焉 鄭固碑 焉 劉熊碑 焉 周憬功勳銘

焉 唐公房碑 焉 楊著碑 焉 楊君斜谷碑 焉 孫叔敖碑 焉 劉寬後碑 焉 李翊碑

愆 起虔切 愆 石經尚書 愆 李翊夫人碑 愆 樊安碑 愆 桐栢廟碑

騫 騫 武梁畫像碑 騫 殽阬君碑陰 騫 唐扶頌

搴 搴 費鳳碑陰

乾 渠焉切 乾 靈臺碑 乾 孔廟置卒史碑 乾 校官碑 乾 元賓碑 乾 辛李君造橋碑

乾 魏受禪表 乾 魏脩孔子廟碑 乾 楊君斜谷碑 乾 孔廟禮器碑

虔 虔 帝堯碑 虔 史晨饗孔廟碑 虔 桐栢廟碑 虔 平都侯蔣君碑 虔 楊君斜谷碑

鞭 卑連切 鞭 劉寬碑

篇 紕連切 篇 石經論語 篇 老子銘 篇 北海相景君碑 篇 費鳳碑陰

偏 偏 石經尚書 偏 楊君斜谷碑

綿 彌連切 亦作緜 緜 沈子琚江堰碑 緜 帝堯碑 緜 婁壽碑 緜 緜竹令王君神道

宣 荀緣切 宣 靈臺碑 宣 孔謙碣 宣 綏民尉熊君碑 宣 樊安碑 宣 孫根碑

宣 劉寬後碑 宣 魏受禪表 宣 北海相景君碑 宣 鄭固碑

鐫 子全切 鐫 劉寬碑 鐫 繁陽令楊君碑 鐫 楊統碑 鐫 嚴發殘碑

旋 旬緣切 旋 楊震碑 旋 劉寬碑 旋 孟郁脩堯廟碑 旋 是邦雄桀碑

璿 璿 魏受禪表

全 才緣切 全 郭究碑 全 鄭烈碑

牷 牷 樊毅脩華嶽碑

泉 泉 靈臺碑 泉 周憬功勳銘 泉 帝堯碑 泉 孫叔敖碑 泉 楊君斜谷碑

穿 昌緣切 穿 樊敏碑 穿 羊竇道碑

川 川 孫叔敖碑 川 楊君斜谷碑

專 朱緣切 專 武梁畫像碑 專 孫叔敖碑

顓 顓 武梁畫像碑 顓 高頤碑 顓 馬江碑

遄 淳緣切 遄 魏脩孔子廟碑

船 食緣切 船 周憬功勳銘

傳 重緣切 傳 華山廟碑 傳 樊毅脩華嶽碑 傳 夏承碑 傳 譙敏碑 傳 燕然銘

傳 楊著碑 傳 孟郁脩堯廟碑 傳 唐公房碑 傳 夏堪碑

攣 閭緣切 攣 北海相景君碑 攣 劉脩碑

鉛 余專切 鉛 張納碑陰

捐 捐 樊敏碑 捐 高彪碑 捐 戚伯著碑 捐 平都侯蔣君碑

緣 緣 袁良碑 緣 楊震碑 緣 李翕西狹頌

銓 且緣切 銓 唐扶頌

員 于權切 員 張納碑陰 員 史晨饗孔廟碑

權 逵員切 權 孫根碑 權 譙敏碑 權 孫叔敖碑

拳 拳 李翊夫人碑

鬈 鬈 祝睦後碑

三蕭

蕭 先彫切 蕭 武班碑 蕭 費汎碑 蕭 燕然銘 蕭 魏脩孔子廟碑 蕭 費鳳碑陰

彫 丁聊切 彫 孔宙碑 彫 張平子碑

雕　雕劉寬碑　雕武梁碑

跳田聊切　跳殽阬君碑

髫　髫校官碑

調　調樊毅復民租碑　調費鳳碑　調戚伯著碑　調靈臺碑

條　條魏脩孔子廟碑　條白石神君碑　條魏受禪奏碑　條樊毅復民租碑

苕　苕張公神碑

聊蓮調切　聊周憬功勳銘

寮　寮劉寬碑　寮魯峻碑　寮譙敏碑　寮衡方碑

寥　寥周憬功勳銘

遼　遼魏受禪奏碑　遼楊君斜谷碑　遼李翊碑

驍堅堯切　驍燕然銘

梟　梟北海相景君碑

僥　僥周禮殿記

堯倪公切　堯帝堯碑　堯靈臺碑　堯魏受禪表　堯唐公房碑　堯樊毅脩華嶽碑

蕘　蕘無極山碑

四宵

宵思邀切　宵北海相景君碑　宵孫根碑

消　消徐氏紀產碑　消孫根碑　消老子銘　消費鳳碑

逍　逍張平子碑

銷　銷費汎碑

脩 脩華山亭碑 脩唐公房碑

焦 茲消切 焦繁陽楊君碑陰 焦劉熊碑陰

椒 椒祝睦後碑

燋 燋鄭烈碑

譙 慈消切 譙譙敏碑 譙魏大饗碑

憔 憔李翊碑 憔孫根碑 憔冀州郭從事碑

標 甲遙切 摽孫叔敖碑

飆 飆朱龜碑

漂 紕招切 漂李君造橋碑 漂郙閣頌

飄 飄楊著碑

剽 毗消切 剽孔彪碑

苗 眉鑣切 苗靈臺碑 苗楊統碑 苗鄭固碑 苗孫根碑 苗祝睦後碑

苗 苗唐扶頌 苗李翊碑 苗袁良碑

燒 尸昭切 燒李翕西狹頌

昭 之遙切 昭樊毅脩華嶽碑 昭平都侯蔣君碑 昭孫根碑 昭燕然銘 昭張公神碑

昭 昭魏受禪表 昭郭輔碑

招 招孟郁脩堯廟碑 招繁陽令楊君碑 招夏承碑

韶 時昭切 韶老子銘 韶秦頡碑

饒 如招切 饒孫叔敖碑 饒劉寬碑

超 笞招切 超校官碑 超費鳳碑 超益州守無名碑 超周憬功勳銘 超唐公房碑

朝 陟遙切
- 朝 石經論語
- 朝 楊統碑
- 朝 李翊碑
- 朝 孫根碑
- 朝 北海相景君碑

朝 戚伯著碑

鼂 馳遙切 亦作晁
- 鼂 楊君斜谷碑

潮
- 潮 張納功德敘

遙 餘招切
- 遙 張平子碑

繇
- 繇 劉寬碑
- 繇 孔廟禮器碑
- 繇 朱龜碑
- 繇 魏尊號奏碑
- 繇 王君石路碑

繇 李翕西狹頌

姚
- 姚 孔從事碑

搖
- 搖 橫海呂將軍碑

謠
- 謠 馮緄碑
- 謠 劉熊碑
- 謠 祝睦後碑

瑤
- 瑤 華山廟碑
- 瑤 韓勑碑陰
- 瑤 鄭固碑

翹 祁遙切
- 翹 侯成碑

鴞 于驕切
- 鴞 北海相景君碑

妖 於驕切
- 妖 劉寬碑

驕 居妖切
- 驕 石經論語

喬 渠嬌切
- 喬 公乘伯喬題名
- 喬 辛李君造橋碑
- 喬 唐公房碑

僑
- 僑 樊敏碑
- 僑 劉熊碑陰

橋
- 橋 辛李君造橋碑
- 橋 楊君斜谷碑
- 橋 平都侯蔣君碑
- 橋 李君西坂碑
- 橋 州輔碑陰

橋 郙閣頌

五爻

肴 何交切 肴 魏大饗碑 肴 孔彪碑

殽 殽 殽阬君碑

崤 崤 五瑞碑

交 居肴切 交 孔宙碑 交 李翊碑 交 張平子碑 交 劉寬碑 交 李翊夫人碑

交 交阯沈君神道 交 周憬功勳銘 交 帝堯碑

蛟 蛟 周憬功勳銘

郊 郊 老子銘

膠 膠 衡方碑

墝 丘交切 墝 孫叔敖碑

虓 虛交切 虓 費鳳碑陰 虓 孫根碑 虓 魏大饗碑

烋 烋 費汎碑

哮 哮 武斑碑

包 班交切 包 石經論語

苞 苞 老子銘 苞 繁陽令楊君碑 苞 高頤碑 苞 魏脩孔子廟碑 苞 劉寬碑

胞 披交切 胞 孫根碑

茅 謨交切 茅 劉寬碑 茅 婁壽碑 茅 唐扶頌

六豪

豪 胡刀切 豪 州輔碑 豪 馮緄碑 豪 北海景君碑陰

號 號 孫根碑 號 鄭固碑 號 冀州郭從事碑

蒿 呼高切 蒿 夏承碑

高 姑勞切　高 石經尚書　高 靈臺碑　高 孔廟置卒史碑　高 華山亭碑　高 樊毅脩華嶽碑

高 孔從事碑　高 武班碑　高 李翊碑　高 綏民尉熊君碑　高 老子銘　高 周憬功勳銘

高 高頤闕碑　高 殽阬君碑陰　高 夏承碑

皋　皋 雍勸闕碑　皋 孔彪碑　皋 孔從事碑　皋 苑鎮碑

膏　膏 孟郁脩堯廟碑

羔　羔 夏承碑

敖 牛刀切　敖 孫叔敖碑　敖 吳仲山碑

襃 補刀切　襃 辛李君造橋碑　襃 孔廟置卒史碑　襃 樊敏碑　襃 夏承碑

毛 莫襃切　毛 石經論語　毛 靈臺碑　毛 州輔碑　毛 魯峻碑陰

髦　髦 校官碑　髦 逢盛碑　髦 王純碑陰

旄　旄 老子銘　旄 苑鎮碑

搔 蘇曹切　搔 北海相景君碑

溞　溞 周憬功勳銘

臊　臊 樊毅脩華嶽碑

操 倉刀切　操 李翊夫人碑

遭 則刀切　遭 史晨祠孔廟銘　遭 綏民尉熊君碑　遭 武梁碑　遭 袁良碑　遭 樊敏碑

遭 劉寬後碑　遭 鄭固碑　遭 楊君斜谷碑　遭 楊著碑

曹 財勞切　曹 帝堯碑　曹 朱龜碑　曹 圉令趙君碑　曹 孔謙碣　曹 孔從事碑

曹 曹騰碑陰　曹 楊著碑　曹 公乘伯喬題名　曹 韓勑碑陰　曹 華山亭碑　曹 楊君斜谷碑

曹 孔耽神祠碑　曹 校官碑

刀 都高切 刀 衷良碑

忉 忉 北海相景君碑 忉 高頤碑 忉 孫根碑 忉 平都侯蔣君碑 忉 夏承碑

饕 他刀切 饕 樊敏碑 饕 益州守無名碑 饕 張納功德敘

韜 韜 譙敏碑

滔 滔 樊毅脩華嶽碑

陶 徒刀切 陶 范式碑 陶 孔廟禮器碑 陶 大饗記殘碑 陶 張表碑

逃 逃 老子銘

濤 濤 郙閣頌 濤 衷良碑

咷 咷 孫根碑 咷 夏承碑 咷 馬江碑 咷 冀州郭從事碑

桃 桃 鄭子真舍宅碑 桃 劉熊碑陰

洮 洮 祝睦後碑

鞀 鞀 孟郁脩堯廟碑 鞀 楊淮碑

勞 郎刀切 勞 石經尚書 勞 朱龜碑 勞 樊敏碑 勞 劉熊碑 勞 樊毅脩華嶽碑

勞 魏受禪表 勞 華山亭碑 勞 郙閣頌 勞 李翕坂碑

牢 牢 史晨祠孔廟銘 牢 孟郁脩堯廟碑

七歌

歌 居何切 亦作謌 歌 孟郁脩堯廟碑 歌 魏脩孔子廟碑 歌 周憬功勳銘 歌 郭輔碑 謌 孔耽神祠碑

歌 綏民尉熊君碑 歌 唐扶頌 歌 李翕西狹頌

柯 柯 李翊碑 柯 劉寬碑陰 柯 冀州郭從事碑

軻 止何切 軻 武梁畫像碑 軻 老子銘

呵 虎何切 呵 辛李君造橋碑

阿 於何切 阿 楊君斜谷碑 阿 李翕西狹頌 阿 李翕坂碑

痾 痾 高彪碑

何 寒歌切 何 石經公羊 何 北海相景君碑 何 何君閣道碑 何 孫叔敖碑

河 河 樊毅脩華嶽碑 河 靈臺碑 河 孔廟置卒史碑 河 侯成碑 河 王稚子闕碑

河 丁魴碑 河 馮煥神道碑 河 鄭烈碑 河 周憬功勳銘 河 吳仲山碑

荷 荷 辛李君造橋碑

娥 牛何切 娥 郭輔碑

峨 峨 鄭烈碑

娑 桑何切 娑 司空殘碑

多 當何切 多 石經論語 多 孔宙碑 多 樊毅復民租碑 多 朱龜碑 多 譙敏碑

多 雍勸闕碑

佗 湯何切 亦作他 他 孫叔敖碑

羅 郎何切 羅 孔耽神祠碑 羅 大饗記殘碑

蘿 蘿 費鳳碑陰

八戈

戈 古禾切 戈 張納功德敘 戈 度尚碑 戈 是邦雄桀碑 戈 橫海呂將軍碑

過 過 老子銘

科 苦禾切 科 州輔碑 科 老子銘

和 戶戈切 和 魏受禪表 和 孫根碑 和 鄭烈碑 和 楊君斜谷碑 和 唐公房碑

龢 龢 孔廟置卒史碑 龢 孔從事碑 龢 劉寬碑陰

禾 禾 石經魯詩 禾 魏受禪表 禾 李翕西狹頌 禾 五瑞碑

波 補禾切 波 靈臺碑 波 樊毅脩華嶽碑 波 周憬功勳銘 波 繁陽令楊君碑 波 孫叔敖碑

波 郭究碑 波 楊震碑 波 張公神碑

婆 蒲禾切 婆 司空殘碑

鄱 鄱 州輔碑陰

皤 皤 張壽碑

摩 眉波切 摩 州輔碑

磨 磨 益州守無名碑 磨 楊君斜谷碑

九麻

麻 謨加切 麻 費鳳碑

巴 邦加切 巴 樊敏碑 巴 華山亭碑 巴 魏大饗碑 巴 丁魴碑 巴 巴官鐵盆銘

巴 巴相碑

沙 師加切 沙 綏民尉熊君碑 沙 周憬功勳銘 沙 孔廟禮器碑

差 初加切 差 樊毅復民租碑 差 羊竇道碑 差 魏石經左傳

遐 何加切 遐 樊毅復民租碑 遐 平都侯蔣君碑 遐 譙敏碑 遐 魏大饗碑 遐 魏脩孔子廟碑

遐 鄭烈碑 遐 北海相景君碑 遐 唐公房碑 遐 魯峻碑 遐 侯成碑 遐 費鳳碑陰

瑕 瑕 孔從事碑 瑕 北海景君碑陰

嘉 居牙切 嘉 孔廟置卒史碑 嘉 華山亭碑 嘉 武斑碑 嘉 李翊碑 嘉 劉寬後碑

嘉 孫叔敖碑 嘉 武梁畫像碑 嘉 五瑞碑

加 加元賓碑 加孔廟置卒史碑 加義井碑陰

家 家石經尚書 家孔廟置卒史碑 家史晨祠孔廟銘 家樊毅脩華嶽碑 家綏民尉熊君碑

冢孔謙碣 家武梁碑 家無極山碑 家李翊碑 家祝睦後碑 家劉寬碑

家詔賜功臣家字 家孫叔敖碑 家唐公房碑 家陳球碑 家李翊夫人碑 家冀州從事碑

家衡方碑 家徐氏紀產碑

葭 葭祝睦後碑

牙牛加切 牙魏尊號奏碑 牙斥彰長碑

華胡瓜切 華孔廟禮器碑 華張表碑 華郭究碑 華孫叔敖碑 華桐栢廟碑

華樊敏碑 華魏大饗碑 華魏尊號奏碑 華張平子碑 華呂國等題名碑 華孔從事碑

華唐公房碑陰 華魯峻碑

花呼瓜切亦作華 華夏堪碑 華李翊夫人碑

夸枯瓜切 夸范式碑

瓜古花切 瓜唐公房碑 瓜魏尊號奏碑

奢詩車切 奢孔廟禮器碑 奢辛李君造橋碑 奢高彪碑

嗟咨邪切亦作䜋 嗟劉寬碑 嗟譙敏碑 嗟魏脩孔子廟碑 嗟繁陽令楊君碑 嗟鄭固碑

嗟費鳳碑陰 䜋魯峻碑 嗟吳仲山碑 嗟許馘夫人碑

斜徐嗟切 斜楊君斜谷碑

蛇石遮切 蛇周憬功勳銘 蛇張納碑陰 蛇孫叔敖碑 蛇楊君斜谷碑

鋣余遮切 鋣郭究碑

邪 邪戚伯著碑 邪袁良碑

十陽

陽 余章切　陽 石經論語　陽 靈臺碑　陽 樊毅脩華嶽碑　陽 韓勑碑陰　陽 老子銘

陽 綏民尉熊君碑　陽 校官碑　陽 周憬功勳銘　陽 高頤闕碑　陽 王稚子闕碑　陽 武梁畫像碑

陽 魏大饗碑　陽 孫根碑　陽 龐公神道　陽 殽阬君碑陰　陽 李君函坂碑

暘　暘 劉寬碑陰

楊　楊 唐公房碑陰　楊 楊淮碑　楊 劉熊碑陰

揚　揚 周憬功勳銘　揚 劉熊碑　揚 元賓碑　揚 馮煥碑陰　揚 鄭烈碑

颺　颺 孟郁脩堯廟碑　颺 馮煥碑陰

羊　羊 孔從事碑　羊 無極山碑　羊 綏民尉熊君碑　羊 孔廟置卒史碑　羊 羊竇道碑

洋　洋 孔宙碑陰　洋 太僕苟君碑

芳 敷方切　芳 桐柏廟碑　芳 劉熊碑　芳 李翊碑　芳 鄭固碑　芳 蔡湛頌

芳 圉令趙君碑　芳 高頤碑　芳 鄭烈碑

方 分房切　方 石經論語　方 袁良碑　方 武梁畫像碑　方 楊著碑　方 魏受禪表

方 周憬功勳銘　方 樊毅脩華嶽碑

邡　邡 呂國等題名碑　邡 侯成碑

汸　汸 樊敏碑

房 符方切　房 唐公房碑　房 孔從事碑　房 韓勑碑陰　房 郭禧碑

防　防 孫叔敖碑　防 樊毅脩華嶽碑　防 張表碑

魴　魴 丁魴碑

亡 無方切　亡 靈臺碑　亡 劉寬碑　亡 樊毅脩華嶽碑　亡 綏民尉熊君碑　亡 帝堯碑

亡 北海相景君碑

忘 桐栢廟碑 楊著碑 孫叔敖碑 魏受禪表 婁壽碑

芒 周憬功勳銘 馬江碑 李翕西狹頌

襄 思將切 石經論語 楊震碑 孔從事碑

相 鄭烈碑 郙閣頌

湘 帝堯碑

驤 魏大饗碑

槍 千羊切 楊君斜谷碑

將 資良切 帝堯碑 綏民尉熊君碑 張納碑陰 郭仲奇碑 袁良碑

將 孫叔敖碑 武梁畫像碑 劉寬碑 何君閣道碑 魏尊號奏碑 楊淮碑

漿 武梁畫像碑

詳 徐羊切 石經尚書 魏尊號奏碑

祥 靈臺碑 樊毅脩華嶽碑 平都侯蔣君碑 曹騰碑陰 樊敏碑

祥 魏尊號奏碑 呂國等題名碑

庠 劉熊碑陰

翔 鄭烈碑 高頤碑 劉熊碑陰 費鳳碑 朱龜碑

翔 孟郁脩堯廟碑

廧 慈良切 晨饗孔廟碑 脩孔廟後碑

戕 孫根碑 沈子琚江堰碑

牆 樊毅脩華嶽碑

隸韻 卷三 三二

商 尸羊切　商 華山廟碑　商 樊毅脩華嶽碑　商 孫根碑　商 張公神碑　商 孔宙碑　商 孫叔敖碑　商 楊君斜谷碑　商 譙敏碑　商 劉寬碑　商 魏脩孔子廟碑　商 宗俱碑陰

傷　傷 楊著碑　傷 費鳳碑陰　傷 戚伯著碑　傷 辛李君造橋碑　傷 劉熊碑　傷 魏尊號奏碑　傷 夏承碑　傷 堯廟碑側

觴　觴 司空殘碑　觴 孔廟禮器碑

暘　暘 劉寬碑陰　暘 夏承碑　暘 魯峻碑　暘 圉令趙君碑

昌 齒良切　昌 孔從事碑　昌 郭輔碑　昌 華山亭碑　昌 魏受禪表　昌 中部碑

閶　閶 劉寬碑陰

倡　倡 唐公房碑　倡 樊敏碑

猖　猖 横海呂將軍碑

章 止良切　章 石經論語　章 元賓碑　章 樊毅脩華嶽碑　章 孔廟置卒史碑　章 孫叔敖碑　章 孫根碑　章 楊君斜谷碑

彰　彰 孔宙碑　彰 戚伯著碑　彰 劉熊碑

鄣　鄣 費鳳碑陰

常 辰羊切　常 石經尚書　常 孫叔敖碑　常 周公禮殿記　常 楊君斜谷碑　常 李翊碑

常 馮緄碑　常 白石神君碑　常 孔從事碑　常 鄭令景君闕銘　常 孔廟置卒史碑　常 殽阬君碑陰　常 魏受禪表　常 帝堯碑

裳　裳 武梁畫像碑　裳 費鳳碑陰

尚　尚 馮煥神道碑

嘗　嘗 石經論語　嘗 孫叔敖碑　嘗 魏脩孔子廟碑　嘗 華山亭碑　嘗 楊著碑

穰 如羊切 穰 史晨祠孔廟銘 穰 樊敏碑 穰 劉熊碑 穰 李翊碑

攘 攘 橫海呂將軍碑

霜 師莊切 霜 樊毅脩華嶽碑 霜 唐扶頌 霜 楊君斜谷碑 霜 唐公房碑 霜 度尚碑

霜 楊震碑 霜 鄭烈碑

莊 側霜切 莊 武梁畫像碑 莊 郭究碑 莊 孫叔敖碑

裝 裝 王純碑

張 中良切 張 石經公羊 張 帝堯碑 張 魏大饗碑 張 孔從事碑

長 仲良切 長 殽阬君碑陰

場 場 帝堯碑 場 華山廟碑 場 繁陽令楊君碑

腸 腸 李翊碑

萇 萇 孟郁脩堯廟碑 萇 無名碑陰題名

良 龍張切 良 元賓碑 良 劉寬碑 良 周憬功勳銘 良 武斑碑 良 鄭烈碑

良 繁陽令楊君碑 良 綏民尉熊君碑 良 夏承碑

梁 梁 樊敏碑 梁 楊君斜谷碑 梁 朱龜碑 梁 樊毅脩華嶽碑 梁 劉寬碑

梁 費鳳碑陰 梁 祝睦後碑 梁 張表碑 梁 孔從事碑

量 量 祝睦碑 量 魏受禪表

糧 糧 華山廟碑 糧 王純碑

粮 粮 孔廟禮器碑

涼 涼 靈臺碑 涼 楊君斜谷碑 涼 朱龜碑

香 虛良切 香 無極山碑 香 郙閣頌

鄉 鄉孟郁脩堯廟碑 鄉戚伯著碑 鄉費汎碑 鄉老子銘 鄉侯成碑

鄉劉熊碑 鄉孔宙碑陰 鄉衷良碑

羌驅羊切 羌是邦雄桀碑 羌燕然銘 羌丁魴碑 羌馮緄碑 羌斜谷典匠題名

畺居良切亦作疆 畺白石神君碑 畺橫海呂將軍碑 畺朱龜碑 疆繁陽令楊君碑 疆魏大饗碑

疆馮緄碑 疆校官碑 疆費鳳碑陰 疆楊君斜谷碑 疆孫根碑 疆李君西坂碑

姜 姜呂國等題名碑 姜李翊夫人碑

僵 僵宋恩等題名碑

強渠良切 彊樊毅脩華嶽碑 彊北海相景君碑 彊孫根碑 彊李翕西狹頌

央於良切 央吳仲山碑 央漢磚銘

王于方切 王石經尚書 王緜竹王君神道 王王稚子闕碑 王唐公房碑 王劉寬碑

王夏承碑 王王君石路碑

狂渠王切 狂劉寬碑

十一唐

唐徒郎切 唐孫根碑 唐孔廟置卒史碑 唐樊毅脩華嶽碑

棠 棠石經公羊 棠李翊碑 棠雍勸闕碑 棠北海相景君碑 棠魯峻碑

堂 堂石經魯詩 堂郭輔碑 堂費鳳碑 堂孔謙碣 堂張公神碑

堂楊君斜谷碑 堂魯峻碑

閶 閶孫根碑

當都郎切 當元賓碑 當老子銘 當馮緄碑 當楊統碑

湯他郎切 湯孔宙碑 湯孫根碑

郎 盧當切 郎 石經公羊 郎 馮焕神道碑 郎 魯峻碑 郎 唐扶頌 郎 孔從事碑

郎 楊淮碑 郎 鄭烈碑 郎 李翕西狹頌

琅 琅 孔從事碑 琅 劉寬碑陰

狼 狼 魏受禪表 狼 孔從事碑 狼 魏大饗碑

囊 奴當切 囊 樊敏碑

滂 普郎切 滂 衷良碑

旁 普光切 旁 魏受禪表 旁 唐公房碑 旁 劉熊碑 旁 老子銘 旁 孔廟禮器碑

桑 蘇郎切 桑 孔廟禮器碑 桑 華山廟碑

喪 喪 武梁畫像碑

倉 子剛切 倉 魏受禪表 倉 昌國等題名碑 倉 李翊夫人碑 倉 周公禮殿記 倉 張納碑陰

倉 史晨祠孔廟銘

蒼 蒼 華山廟碑 蒼 譙敏碑

臧 玆郎切 臧 孫叔敖碑 臧 老子銘 臧 張納碑陰 臧 周憬功勳銘 臧 馮緄碑

臧 樊敏碑

牂 牂 李翊碑

藏 徂郎切 藏 孫叔敖碑 藏 孔耽神祠碑 藏 費鳳碑陰

昂 五剛切 昂 孔從事碑 昂 平都侯蔣君碑

荒 呼光切 荒 樊毅脩華嶽碑 荒 馮緄碑 荒 靈臺碑 荒 魏大饗碑 荒 楊君斜谷碑

荒 燕然銘 荒 沈子琚江堰碑 荒 費鳳碑 荒 魏石經左傳

康 立剛切 康 樊毅脩華嶽碑 康 祝睦後碑 康 孔宙碑 康 堯廟碑陰 康 魯峻碑陰

岡 居郎切 岡 桐柏廟碑
剛 剛 孫根碑 剛 馮煥碑陰 剛 秦頡碑 剛 樊敏碑 剛 魏受禪表
剛 北海相景君碑 剛 楊統碑
綱 綱 魏脩孔子廟碑 綱 楊君斜谷碑 綱 武梁畫像碑 綱 魏受禪表 綱 郭究碑
卬 五剛切 卬 楊著碑 卬 老子銘 卬 劉熊碑 卬 鄭固碑

光 姑黃切 光 戚伯著碑 光 孫根碑 光 劉寬後碑 光 靈臺碑 光 楊君斜谷碑
光 魏受禪表 光 鄭烈碑 光 綏民尉熊君碑 光 高頤闕碑
黃 胡光切 黃 靈臺碑 黃 衷良碑 黃 孔從事碑 黃 北海相景君碑 黃 史晨祠孔廟銘
黃 州輔碑 黃 綏民尉熊君碑 黃 陳球碑陰 黃 魯峻碑
璜 璜 劉熊碑陰 璜 劉寬碑陰

皇 皇 石經尚書 皇 高彪碑 皇 楊君斜谷碑 皇 張公神碑 皇 周憬功勳銘
皇 鄭烈碑 皇 老子銘 皇 魏受禪表 皇 夏承碑 皇 孔宙碑
凰 凰 麒麟鳳凰碑
蝗 蝗 費汎碑
煌 煌 孔從事碑 煌 魏脩孔子廟碑 煌 樊毅脩華嶽碑

徨 徨 張表碑
惶 惶 孔廟置卒史碑 惶 魏尊號奏碑

隸韻卷第三終

隸韻卷第四

下平聲下

十二庚　十三耕

十四清　十五青

十六蒸　十七登

十八尤　十九侯

二十幽　二十一侵

二十二覃　二十三談

二十四鹽　二十五添

二十六嚴　二十七咸

二十八銜　二十九凡

十二庚

庚 古衡切　庚 劉寬碑　庚 馬江碑　庚 魯峻碑　庚 侯成碑　庚 樊毅復民租碑

庚 劉曜碑

更　更 樊毅脩華嶽碑　更 孔耽碑後字　更 羊竇道碑

阬 丘庚切　阬 殽阬君碑

亨 虛庚切　亨 華山亭碑

行 何庚切　行 石經論語　行 真道冢碑

衡　衡 周公禮殿記　衡 張平子碑　衡 魏脩孔子廟碑　衡 祝睦後碑　衡 魏受禪表

衡 婁壽碑　衡 楊震碑　衡 馮煥碑陰　衡 李翕西狹頌　衡 侯成碑　衡 冀州郭從事碑

横 胡盲切 横 繁陽令楊君碑 横 楊震碑 横 燕然銘 横 横海宫將軍碑

觥 姑横切 觥 孔宙碑

彭 蒲庚切 彭 韓勑碑陰 彭 華山亭碑 彭 劉熊碑陰

憉 憉 北海相景君碑

兵 補明切 兵 馮煥碑陰 兵 武梁畫像碑 兵 魏尊號奏碑 兵 孔宙碑 兵 燕然銘

兵 魏大饗碑 兵 張納碑陰

平 蒲明切 平 孔廟置卒史碑 平 何君閣道碑 平 綏民尉熊君碑 平 元賓碑 平 周憬功勳銘

平 衣良碑 平 張平子碑 平 高頤闕碑 平 巴官鐵盆銘 平 孫叔敖碑陰 平 吳仲山碑

明 眉兵切 明 綏民尉熊君碑 明 華山亭碑 明 孔廟置卒史碑 明 謁者景君墓表 明 孫叔敖碑

明 北海相景君碑 明 楊統碑 明 孫根碑 明 劉寬碑 明 譙敏碑 明 夏承碑

明 魯峻碑 明 鄭季宣君闕銘 明 楊震碑陰

盟 盟 辛李君造橋碑 盟 侯成碑

鳴 鳴 孔宙碑 鳴 北海相景君碑

生 師庚切 生 孫叔敖碑 生 史晨祠孔廟銘 生 綏民尉熊君碑 生 靈臺碑 生 周憬功勳銘

生 馮緄碑 生 魯峻碑 生 老子銘 生 北海相景君碑

笙 笙 史晨饗孔廟碑

甥 甥 費鳳碑陰

牲 牲 帝堯碑 牲 孔廟置卒史碑 牲 樊毅復民租碑 牲 魏受禪表

京 居卿切 京 鄭烈碑 京 脩孔廟後碑 京 殽阬君碑陰 京 平都侯蔣君碑 京 樊毅脩華嶽碑

京 樊敏碑 京 戚伯著碑 京 楊震碑 京 馮煥神道碑 京 魏尊號奏碑

荊

荊 綏民尉熊君碑　荊 馮緄碑　荊 孫根碑　荊 楊震碑　荊 郭輔碑

驚

驚 北海相景君碑　驚 魏大饗碑　驚 唐公房碑

鄉 丘京切

鄉 楊震碑　鄉 魏大饗碑　鄉 孔廟置卒史碑　鄉 韓勑碑陰　鄉 老子銘

卿 高頤碑　卿 孫叔敖碑陰

鯨 渠京切

鯨 王君廟門碑

迎 魚京切

迎 華山亭碑　迎 唐公房碑

英 於京切

英 張公神碑　英 繁陽令楊君碑　英 朱龜碑　英 楊震碑　英 李翊夫人碑

英 張平子碑　英 鄭烈碑　英 唐公房碑陰　英 楊著碑陰　英 太僕荀君碑陰

瑛

瑛 孔廟置卒史碑　瑛 平都侯蔣君碑

榮 于平切

榮 孫根碑　榮 楊著碑　榮 靈臺碑　榮 張表碑　榮 郭究碑

榮 楊君斜谷碑

兄 呼榮切

兄 樊毅脩華嶽碑　兄 石經公羊碑　兄 孫根碑　兄 唐扶頌

十三耕

耕 古莖切

耕 婁壽碑　耕 費鳳碑陰　耕 沈子琚江堰碑

嚶 於耕切

嚶 逢盛碑

譻

譻 李翊夫人碑

紘 乎萌切

紘 陳球碑

閎

閎 老子銘

巆

巆 白石神君碑

訇 呼宏切

訇 殽阬君碑陰

爭 甾耕切 爭 劉寬後碑 爭 孔廟禮器碑 爭 周憬功勳銘 爭 楊統碑 爭 婁壽碑

爭 橫海呂將軍碑 爭 張平子碑

甍 謨耕切 甍 魏脩孔子廟碑

萌 萌 孟郁脩堯廟碑 萌 劉寬後碑 萌 張表碑 萌 鄭烈碑 萌 魯峻碑

氓 氓 朱龜碑 氓 孫根碑 氓 郙閣頌

十四清

清 七情切 清 樊毅脩華嶽碑 清 劉熊碑 清 楊淮碑 清 魏大饗碑 清 鄭烈碑

清 楊君斜谷碑 清 北海相景君碑 清 楊統碑 清 夏承碑

精 子盈切 精 劉寬碑 精 武梁畫像碑 精 橫海呂將軍碑 精 孫叔敖碑 精 北海相景君碑

精 史晨祠孔廟銘 精 綏民尉熊君碑 精 華山亭碑 精 樊毅脩華嶽碑

旌 旌 魏受禪表 旌 老子銘 旌 元賓碑 旌 張表碑 旌 鄭固碑

旌 楊震碑 旌 夏承碑

晶 晶 北海相景君碑

情 慈盈切 情 石經論語 情 劉熊碑 情 老子銘 情 楊君斜谷碑 情 李翊碑

情 史晨祠孔廟銘 情 劉寬碑

并 卑盈切 并 周公禮殿記 并 孔廟禮器碑 并 老子銘 并 朱龜碑 并 橫海呂將軍碑

并 郭輔碑 并 孔耽碑後字

名 彌并切 名 帝堯碑 名 靈臺碑 名 華山亭碑 名 夏承碑 名 綏民尉熊君碑

名 李翊碑 名 孔宙碑 名 元賓碑 名 周憬功勳銘 名 楊淮碑 名 楊著碑

名 北海相景君碑 名 祝睦碑

聲 書征切 聲 華山亭碑 聲 孟郁脩堯廟碑 聲 武班碑 聲 婁壽碑 聲 孔廟禮器碑

聲 老子銘 聲 脩孔廟後碑 聲 魏脩孔子廟碑 聲 劉寬後碑 聲 繁陽令楊君碑

征 諸成切 征 魏大饗碑 征 魏尊號奏碑 征 老子銘 征 樊安碑 征 辛李君造橋碑

征 楊統碑 征 校官碑 征 馮緄碑 征 孫根碑

正 正 桐柏廟碑 正 孔彪碑

鉦 鉦 候鉦銘字

成 時征切 成 石經公羊 成 石經尚書 成 孔耽神祠碑 成 劉熊碑 成 費鳳碑陰

成 周憬功勳銘 成 綏民尉熊君碑 成 劉寬碑 成 史晨祠孔廟銘 成 雍勸闕碑 成 孔從事碑

成 華山廟碑 成 魏尊號奏碑 成 張公神碑 成 羊竇道碑

城 城 横海呂將軍碑 城 孔從事碑 城 韓勑碑陰 城 北海相景君碑 城 楊淮碑

城 孫根碑 城 吳仲山碑

誠 誠 靈臺碑 誠 楊君斜谷碑 誠 孔廟置卒史碑 誠 史晨祠孔廟銘 誠 劉寬碑

誠 劉熊碑

呈 馳成切 呈 樊安碑

程 程 老子銘 程 校官碑 程 馮煥碑陰 程 孔彪碑陰

令 離呈切 令 武梁畫像碑

盈 餘輕切 盈 靈臺碑 盈 白石神君碑 盈 樊敏碑 盈 州輔碑 盈 是邦雄桀碑

盈 老子銘

嬴 嬴 孫根碑 嬴 鄐閣頌 嬴 孔仲秋下旬碑

輕 牽盈切 輕 老子銘 輕 楊君斜谷碑 輕 楊統碑 輕 北海相景君碑 輕 鄭烈碑

輕 魏䕫號奏碑 輕 劉寬碑 輕 楊著碑

嬰 伊盈切 嬰 馮緄碑 嬰 老子銘 嬰 樊敏碑

營 維瓊切 營 中部碑 營 戚伯著碑 營 史晨祠孔廟銘 營 靈臺碑 營 婁壽碑

塋 塋 張平子碑 塋 平都侯蔣君碑 塋 靈臺碑 塋 馮緄碑

傾 窺營切 傾 魏脩孔子廟碑 傾 張平子碑 傾 百人殽阬碑陰 傾 樊毅脩華嶽碑

瓊 渠營切 瓊 孔從事碑

煢 煢 李翊夫人碑 煢 冀州郭從事碑

煢 煢 仲秋下旬碑

縈 娟營切 縈 老子銘

十五青

青 倉經切 青 魏大饗碑 青 樊敏碑

星 先青切 星 燕然銘 星 李翊夫人碑 星 老子銘 星 魏大饗碑

冥 忙丁切 冥 楊統碑 冥 楊君斜谷碑 冥 老子銘 冥 平都侯蔣君碑 冥 李翊夫人碑

冥 楊震碑 冥 孔彪碑

螟 螟 孫叔敖碑 螟 唐公房碑

銘 銘 周憬功勳銘 銘 費汎碑 銘 孔宙碑 銘 夏承碑

丁 當經切 丁 張納碑陰 丁 樊安碑 丁 武梁畫像碑 丁 鄭烈碑 丁 戚伯著碑

丁 無極山碑 丁 太僕荀君碑陰

聽 他經切 聽 樊安碑

庭 唐丁切 庭 老子銘 庭 侯成碑 庭 郭究碑 庭 李翊夫人碑 庭 三公山碑

廷 廷孫叔敖碑 廷史晨祠孔廟銘 廷馮緄碑 廷北海相景君碑 廷費汎碑

霆 霆孫叔敖碑

亭 亭華山亭碑 亭曹騰碑陰 亭殽阬君碑 亭橫海將軍碑 亭魏尊號奏碑

靈盧經切 靈燕然銘 靈戚伯著碑 靈靈臺碑 靈孟郁脩堯廟碑 靈李翊夫人碑 靈帝堯碑 靈王稚子闕碑 靈綏民尉熊君碑 靈景君碑陰 靈史晨祠孔廟銘 靈楊君斜谷碑 靈魏尊號奏碑 靈夏承碑 靈武梁碑

齡 齡魯峻碑

囹 囹平都侯蔣君碑 囹魏受禪表

聆 聆劉熊碑 聆校官碑

伶 伶益州守無名碑

泠 泠樊敏碑 泠張公神碑

軨 軨繁陽令楊君碑 軨樊毅脩華嶽碑

零 零劉熊碑 零吳仲山碑 零侯成碑 零李翊夫人碑 零周憬功勳銘

寧奴經切 寧北海相景君碑 寧楊君斜谷碑 寧孫根碑 寧益州守無名碑 寧鄭烈碑 寧元賓碑 寧孔宙碑陰 寧史晨祠孔廟銘 寧武斑碑 寧張納功德敘 寧夏承碑

寍 寍燕然銘

經堅丁切 經楊著碑 經孔廟置卒史碑 經陳寔殘碑 經劉熊碑 經劉寬碑 經老子銘 經武梁碑 經史晨祠孔廟銘 經李翕西狹頌 經李翊碑

馨醢經切 馨張表碑 馨朱龜碑 馨魏脩孔子廟碑 馨王純碑

形奚經切 形孫根碑 形高彪碑 形華山亭碑 形樊敏碑 形鄭烈碑

形北海相景君碑 形費鳳碑陰
刑 刑石經尚書 刑李翊碑 刑張納功德叙 刑劉寬碑 刑靈臺碑
刑孫叔敖碑 刑馮緄碑
邢 邢郭究碑 邢武梁畫像碑
熒惠扃切 熒鄭烈碑 熒孔從事碑

坰涓熒切 坰孫根碑 坰老子銘

十六蒸

蒸諸仍切 蒸孫叔敖碑
烝 烝中部碑 烝魏大饗碑 烝周憬功勳銘 烝張表碑 烝平都侯蔣君碑
承辰陵切 承石經尚書 承楊君斜谷碑 承靈臺碑 承孔從事碑 承孫根碑

承魏受禪表 承周公禮殿記
丞 丞孔廟置卒史碑 丞華山廟碑 丞華山亭碑 丞張公神碑 丞魯峻碑
丞高頤闕碑 丞戚伯著碑 丞楊淮碑
繩神陵切 繩老子銘 繩郭究碑 繩武梁畫像碑 繩夏承碑 繩鄭三益碑
乘 乘燕然銘 乘孫根碑 乘張公神碑 乘殽阬君碑 乘公乘伯喬殘石

升書蒸切 升袁良碑 升孔謙碣 升魏大饗碑 升楊君斜谷碑 升張納碑陰
升孫根碑 升朱龜碑 升周憬功勳銘 升中部碑 升孔從事碑
稱蚩陵切 稱石經論語 稱史晨祠孔廟銘 稱孔宙碑 稱孫根碑 稱李翊夫人碑
稱魏受禪表 稱老子銘 稱李翊碑 稱馮緄碑 稱孟郁脩堯廟碑 稱綏民校尉熊君碑
爯 爯綏民校尉熊君碑

仍 如陵切 仍 郙閣頌 仍 劉寬後碑 仍 繁陽令楊君碑 仍 樊毅復民租碑 仍 孔從事碑

仍 樊毅脩華嶽碑

冰 悲陵切 冰 度尚碑 冰 鄭烈碑 冰 夏堪碑

弸 弸 魯峻碑

憑 皮冰切 憑 樊毅脩華嶽碑

澄 持陵切 澄 孫叔敖碑

陵 閭承切 陵 石經論語 陵 孟郁脩堯廟碑 陵 張平子碑 陵 魯峻碑 陵 何君閣道碑

陵 孫叔敖碑 陵 桐栢廟碑 陵 綏民尉熊君碑 陵 周憬功勳銘 陵 龐公神道 陵 處士嚴發碑

淩 淩 老子銘 淩 魏尊號奏碑 淩 燕然銘

蔆 蔆 孔耽神祠碑

蠅 余陵切 蠅 楊震碑

膺 於陵切 膺 孔謙碣 膺 朱龜碑 膺 北海相景君碑 膺 横海呂將軍碑 膺 繁陽令楊君碑

鷹 鷹 張表碑 鷹 李翊碑

凝 魚陵切 凝 樊毅脩華嶽碑

興 虛陵切 興 石經論語 興 張納碑陰 興 綏民尉熊君碑 興 楊君斜谷碑 興 靈臺碑

興 楊震碑 興 史晨祠孔廟銘 興 孫根碑 興 戚伯著碑 興 唐扶頌

矜 居陵切 矜 石經論語 矜 孫叔敖碑 矜 費鳳碑陰 矜 辛李君造橋碑 矜 魏受禪表

十七登

登 都騰切 登 魏大饗碑 登 楊君斜谷碑 登 楊震碑 登 費汎碑 登 劉寬碑

登 張壽碑 登 繁陽令楊君碑

鐙 鐙 耿氏鐙字

騰 徒登切 騰 衷良碑 騰 曹騰碑陰 騰 費鳳碑陰 騰 魏脩孔子廟碑

縢 縢 孔宙碑陰 縢 魏石經左傳

棱 盧登切亦作楞 楞 殽阬君碑陰 棱 楊統碑

能 奴登切 能 石經論語 能 樊敏碑 能 孫叔敖碑 能 李君造橋碑 能 鄭烈碑

能 唐扶頌 能 魯峻碑 能 樊毅脩華嶽碑 能 吴仲山碑 能 鄭固碑 能 李翕西狹頌

朋 薄登切 朋 石經尚書 朋 元賓碑 朋 譙敏碑 朋 婁壽碑

崩 北滕切 崩 孔宙碑 崩 魏尊號奏碑

僧 思登切 僧 大饗記殘碑

增 咨登切 增 平都侯蔣君碑 增 孫根碑 增 樊毅復民租碑 增 史晨祠孔廟銘 增 周公禮殿記

增 蔡湛頌

曾 曾 石經論語

層 才登切 增 魏大饗碑

肱 古薨切 肱 劉寬後碑 肱 樊敏碑 肱 孟郁脩堯廟碑

薨 呼肱切 薨 鄭烈碑 薨 劉寬碑 薨 衷良碑 薨 繁陽令楊君碑

十八尤

尤 于求切 尤 馮緄碑 尤 元賓碑 尤 楊君斜谷碑 尤 王純碑

郵 郵 孔從事碑 郵 韓勑碑陰 郵 唐公房碑陰 郵 郭究碑 郵 鹽臺碑陰

郵 夏承碑 郵 張壽碑 郵 孫根碑

休 虛尤切 休 樊毅脩華嶽碑 休 綏民尉熊君碑 休 元賓碑 休 唐公房碑 休 華山亭碑

休 劉寬碑 休 鄭烈碑

丘 驅尤切 丘 石經論語 丘 張平子碑 丘 史晨祠孔廟銘 丘 綏民尉熊君碑 丘 樊敏碑

丘 孔宙碑陰 丘 楊震碑陰

鳩 居尤切 鳩 魏尊號奏碑 鳩 唐扶頌

求 渠尤切 求 石經論語 求 魏元丕碑 求 孫根碑 求 楊統碑 求 吳仲山碑

裘 裘 帝堯碑

逑 逑 劉寬碑陰

球 亦作璆 璆 華山亭碑 球 靈臺碑陰 璆 華山廟碑

仇 仇 帝堯碑 仇 邑國等題名碑 仇 劉熊碑陰

牛 魚尤切 牛 孔廟置卒史碑 牛 唐公房碑 牛 周憬功勳銘

憂 於尤切 憂 楊著碑 憂 孫叔敖碑 憂 李翊碑 憂 圉令趙君碑 憂 吳仲山碑

優 優 張平子碑 優 孟郁脩堯廟碑 優 華山亭碑 優 孫叔敖碑 優 婁壽碑

優 圉令趙君碑 優 譙敏碑

由 夷周切 由 石經論語 由 劉熊碑 由 綏民尉熊君碑 由 樊毅脩華嶽碑 由 費汎碑

由 魏脩孔子廟碑 由 羊竇道碑

攸 攸 石經尚書 攸 楊君斜谷碑 攸 北海相景君碑 攸 劉寬碑 攸 華山亭碑

攸 張表碑 攸 婁壽碑

悠 悠 鄭烈碑 悠 費鳳碑陰 悠 劉寬後碑 悠 張表碑 悠 逢盛碑

斿 斿 石經論語 斿 孔彪碑

游 游 費鳳碑 游 靈臺碑 游 高頤碑 游 孟郁脩堯廟碑

遊 遊石經尚書 遊帝堯碑 遊魏脩孔子廟碑

猶 猶石經論語 猶魏受禪表 猶周憬功勳銘 猶白石神君碑

猷 猷鄭烈碑 猷袁良碑

抽 丑鳩切 抽張納功德敘 抽度尚碑

瘳 瘳祝睦後碑 瘳仲定碑

惆 惆孔耽神祠碑

疇 除留切 疇魏脩孔子廟碑 疇帝堯碑 疇丁魴碑 疇北海相景君碑 疇李翊夫人碑

疇元賓碑 疇郭旻碑

籌 籌綏民尉熊君碑 籌郭究碑

稠 稠劉寬碑陰

裯 裯劉熊碑陰

留 力求切 留樊敏碑 留鄭烈碑 留楊著碑 留王君石路碑 留費汎碑

流 流劉熊碑 流郙閣頌 流綏民尉熊君碑 流北海相景君碑 流張平子碑

流周憬功勳銘 流鄭烈碑 流孟郁脩堯廟碑 流老子銘 流靈臺碑 流張表碑

流楊震碑 流孫根碑 流魏大饗碑 流張納功德敘 流夏承碑

劉 劉石經公羊 劉樊安碑 劉馮緄碑 劉繁陽令楊君碑 劉劉熊碑

劉樊敏碑 劉帝堯碑 劉桐柏廟碑 劉華山亭碑 劉景君碑陰 劉孔從事碑

劉殽阬君碑陰 劉劉君閣道題字 劉劉寬神道碑 劉征南劉君神道

脩 思留切 脩朱龜碑 脩孫根碑 脩李翊夫人碑 脩周公禮殿記 脩靈臺碑

脩北海相景君碑 脩綏民尉熊君碑 脩史晨祠孔廟銘 脩楊統碑 脩武梁碑 脩鄭三益碑

羞 羞司空殘碑

秋此由切 秋石經公羊 秋楊君斜谷碑 秋鄭烈碑 龝燕然銘 秋唐公房碑

秌孔廟置卒史碑 秌綏民尉熊君碑 秌樊毅脩華嶽碑 秌孔宙碑 龝楊著碑

啾即由切 啾周憬功勳銘

收尸周切 收馮緄碑 收張納功德叙 收李翊夫人碑 收徐氏紀產碑 收唐公房碑

收孫叔敖碑

犨蚩周切 犨秦頡碑

讎是周切 讎度尚碑

酬 酬魏大饗碑 酬孔宙碑

詶 詶劉寬碑 詶鄭烈碑

周之由切 周石經公羊 周中部碑 周周公禮殿記 周孫根碑 周老子銘

周魯峻碑 周樊安碑 周綏民尉熊君碑 周史晨祠孔廟銘

州 州是邦雄碑 州魏尊號奏碑 州北海相景君碑 州元賓碑 州馮煥神道碑

州夏承碑 州王稚子闕碑 州高頤闕碑 州綏民尉熊君碑 州樊毅脩華嶽碑 州高頤碑

州唐公房碑陰 州謁者景君墓表

賙 賙魏受禪表

舟 舟魏大饗碑 舟辛李君造橋碑 舟脩孔廟後碑 舟周憬功勳銘 舟孟郁脩堯廟碑

柔而由切 柔石經尚書 柔孫根碑 柔魏受禪表 柔鄭烈碑 柔費鳳碑

柔楊統碑 柔劉衡碑 柔李翕西狹頌

搜踈鳩切 搜劉衡碑

廋 廋 石經論語

鄒 側鳩切 鄒 張元題名碑

愁 鋤尤切 愁 楊君斜谷碑

浮 房尤切 浮 郭究碑 浮 唐公房碑 浮 劉寬碑 浮 孔彪碑 浮 夏堪碑

涪 涪 龐公神道

彪 補休切 彪 劉熊碑 彪 孔從事碑 彪 劉熊碑陰 彪 孔彪碑 彪 司空殘碑

十九侯

侯 胡鉤切 侯 石經公羊 侯 戚伯著碑 侯 唐扶頌 侯 橫海呂將軍碑 侯 楊著碑

矦 孔廟置卒史碑 矦 韓勑碑陰 矦 靈臺碑 矦 劉熊碑 矦 漢磚銘

喉 喉 劉寬後碑 喉 李翕造橋碑 喉 鄭烈碑

歐 烏侯切 歐 楊震碑 歐 孔從事碑

鉤 古侯切 鉤 費鳳碑陰 鉤 堯祠孔廟銘 鉤 魏受禪表

溝 溝 堯饗孔廟碑 溝 侯成碑

裒 蒲侯切 裒 孫叔敖碑陰

謀 莫侯切 謀 石經尚書 謀 張表碑 謀 王純碑 謀 華山亭碑 謀 張納碑陰

諆 楊君斜谷碑 諆 魏脩孔子廟碑 諆 老子銘 諆 樊毅復民租碑 諆 劉寬後碑

牟 牟 唐公房碑 牟 孔廟置卒史碑 牟 張納碑陰 牟 朱龜碑 牟 楊淮碑

蛑 蛑 張壽碑

侔 侔 魏受禪表 侔 鄭烈碑

諏 將侯切 諏 州輔碑 諏 劉熊碑

頭 徒侯切 頭 孔廟置卒史碑 頭 武梁畫像碑

投 投 樊敏碑 投 繁陽令楊君碑 投 費鳳碑陰 投 周憬功勳銘 投 楊著碑

投 帝堯碑 投 蔡湛頌

婁 盧侯切 婁 史晨祠孔廟銘

樓 樓 鄭子真舍宅碑 樓 吳仲山碑

螻 螻 魏受禪表

二十幽

幽 於虯切 幽 靈臺碑 幽 馮煥神道碑 幽 老子銘 幽 度尚碑 幽 朱龜碑

呦 呦 張公神碑

二十一侵

侵 千尋切 侵 靈臺碑 侵 朱龜碑

心 思尋切 心 石經論語 心 華山亭碑 心 樊安碑 心 繁陽令楊君碑 心 孫根碑

心 魏尊號奏碑 心 劉寬後碑 心 高頤碑 心 楊君斜谷碑 心 老子銘 心 樊毅脩華嶽碑

尋 徐心切 尋 魏脩孔子廟碑 尋 老子銘 尋 夏承碑

撏 撏 華山亭碑 撏 元賓碑

鐔 鐔 劉寬碑陰

深 式針切 深 譙敏碑 深 孔廟禮器碑 深 郙閣頌 深 楊君斜谷碑 深 卒李君造橋碑

深 李翊碑 深 孔謙碣 深 張平子碑 深 羊竇道碑

忱 時壬切 忱 唐公房碑陰

壬 如深切 壬 孔廟置卒史碑 壬 樊毅復民租碑

任 石經尚書 任 何君閣道碑 任 史晨祠孔廟銘 任 度尚碑 任 桐柏廟碑

任 中部碑 任 夏承碑

參 疏簪切 參 楊著碑

岑 鋤簪切 岑 張納碑陰

郴 丑林切 郴 周憬碑陰

綝 綝 劉熊碑陰 綝 宗俱碑陰

沈 持林切 沈 辛李君造橋碑 沈 桐柏廟碑 沈 周憬功勳銘 沈 郙閣頌

林 犂沈切 林 劉寬碑 林 義井碑陰 林 鄭烈碑 林 婁壽碑

霖 霖 郙閣頌

臨 臨 帝堯碑 臨 劉寬碑 臨 魏大饗碑 臨 鄭烈碑 臨 孫根碑

臨 魏脩孔子廟碑 臨 武梁碑 臨 武斑碑 臨 史晨祠孔廟銘 臨 景君碑陰 臨 祝睦後碑

臨 何君閣道碑 臨 李翕西狹頌 臨 夏承碑

淫 夷斟切 淫 石經尚書 淫 樊毅脩華嶽碑 淫 魏大饗碑

音 於金切 音 周公禮殿記 音 鄭烈碑 音 孔廟禮器碑 音 樊毅脩華嶽碑 音 張平子碑

陰 陰 樊毅脩華嶽碑 陰 魏尊號奏碑 陰 武梁畫像碑 陰 高頤闕碑 陰 秦頡碑

陰 劉寬碑 陰 孫叔敖碑 陰 橫海呂將軍碑 陰 李翊夫人碑 陰 老子銘 陰 魯相謁孔廟碑

吟 魚音切 唫 平輿令薛君碑

歆 虛金切 歆 魏尊號奏碑 歆 桐柏廟碑 歆 魏大饗碑 歆 唐公房碑 歆 夏承碑

欽 驅音切 欽 孫叔敖碑 欽 周憬功勳銘 欽 魏受禪表 欽 孔耽神祠碑 欽 樊敏碑

今 居吟切 今 石經尚書 今 老子銘 今 李翕西狹頌 今 魏脩孔子廟碑 今 侯成碑

金 金張平子碑 金孫叔敖碑 金張納碑陰 金徐氏紀產碑 金老子銘

金楊震碑 金處士金恭闕碑 金侯成碑 金綏民校尉熊君碑 金楊淮碑 金唐扶頌

金楊統碑 金夏承碑

琴 渠金切 琴帝堯碑 琴魯峻碑 琴馬江碑

黔 黔帝堯碑 黔華山亭碑 黔費鳳碑陰

禽 禽魏受禪表 禽孔耽神祠碑 禽魯峻碑 禽費鳳碑 禽校官碑

禽周憬功勳銘 禽張納功德敘

二十二覃

譚 徒含切 譚樊敏碑

潭 潭周憬碑陰 潭張納功德敘

鐔 鐔張納碑陰

曇 曇靈臺碑陰

戡 戡孫根碑

貪 他含切 貪李翊碑 貪樊敏碑 貪孫根碑 貪孫叔敖碑

耽 都含切 耽郭究碑 耽無極山碑 耽樊敏碑 耽張納功德敘 耽唐扶頌

嵐 盧含切 嵐殽阬碣碑陰

南 那含切 南魏受禪表 南孔從事碑 南楊君斜谷碑 南周憬功勳銘 南樊安碑

南劉寬後碑 南馮緄碑 南孔廟置卒史碑 南綏民校尉熊君碑 南馮煥神道碑 南孫叔敖碑

南樊敏碑 南韓勑碑陰 南馮煥碑陰 南魯峻碑 南羊竇道碑 南征南劉君神道

男 男魏大饗碑 男李翊夫人碑 男鄭烈碑 男郭輔碑 男徐氏紀產碑

男 鄭固碑 男 孫叔敖碑陰

參 倉含切 參 鄭烈碑 參 樊敏碑 參 北海相景君碑 參 周憬功勳銘 參 衡方碑

驂 驂 孫叔敖碑

蠶 徂含切 蠶 魏受禪表

堪 苦含切 堪 費鳳碑陰 堪 樊毅復民租碑 堪 夏堪碑

含 胡南切 含 孫根碑 含 唐扶頌 含 鄭烈碑 含 郭究碑 含 老子銘

二十三談

談 徒甘切 談 史晨祠孔廟銘

澹 澹 綏民尉熊君碑

聃 他甘切 聃 老子銘

儋 都甘切 儋 老子銘 儋 羊竇道碑

三 蘇甘切 三 石經尚書 三 魏脩孔子廟碑 三 老子銘 三 孔廟置卒史碑 三 巴官鐵盆銘

甝 財甘切 甝 吳仲山碑

甘 沽三切 甘 魏受禪表 甘 楊統碑 甘 靈臺碑 甘 樊毅復民租碑 甘 北海相景君碑

甘 華山亭碑

酣 胡甘切 酣 魏大饗碑

二十四鹽

鹽 余廉切 鹽 武梁畫像碑

閻 閻 蔡湛頌

厭 於鹽切 厭 樊毅脩華嶽碑

暹 思廉切 暹 劉寬碑陰

僉 千廉切 僉 孟郁脩堯廟碑 僉 樊敏碑

殲 將廉切 殲 元賓碑 殲 夏承碑

瀸 瀸 樊毅復民租碑

潛 蘇鹽切 潛 桐柏廟碑 潛 朱龜碑 潛 劉寬碑 潛 北海相景君碑 潛 夏承碑

噡 之廉切 噡 孫叔敖碑

瞻 瞻 孟郁脩堯廟碑 瞻 費鳳碑陰 瞻 張平子碑 瞻 平都侯蔣君碑

占 占 楊統碑

霑 知廉切亦作沾 霑 李翊夫人碑 沾 魏受禪表 沾 高頤碑 沾 孟郁脩堯廟碑 霑 司馬季德碑

廉 力鹽切 廉 楊淮碑 廉 元賓碑 廉 孫叔敖碑 廉 唐扶頌 廉 高頤闕碑

廉 費鳳碑陰 廉 周憬功勳銘

磏 磏 孟郁脩堯廟碑

炎 于廉切 炎 石經尚書 炎 周公禮殿記 炎 朱龜碑

淹 衣廉切 淹 夏承碑

鈐 其廉切 鈐 帝堯碑

二十五添

恬 徒廉切 恬 郭究碑 恬 劉寬碑 恬 張表碑 恬 侯成碑

謙 苦兼切 謙 魏受禪表 謙 老子銘 謙 劉寬碑 謙 史晨祠孔廟銘 謙 李翊碑

謙 華山亭碑 嗛 馮煥碑陰

兼 吉嫌切 兼 曹騰碑陰 兼 郭究碑 兼 樊毅復民租碑 兼 李翊碑 兼 謁者景君墓表

二十六嚴

嚴 魚杴切 嚴 石經尚書 嚴 孔從事碑 嚴 樊敏碑 嚴 孔宙碑 嚴 楊統碑

嚴 孔廟置卒史碑 嚴 張納碑陰

二十七咸

咸 胡喦切 咸 華山亭碑 咸 費鳳碑陰 咸 魏大饗碑 咸 繁陽令楊君碑 咸 樊敏碑

鹹 鹹 石經尚書

函 函 甄后識坐函

二十八銜

銜 乎監切 銜 帝堯碑 銜 朱龜碑 銜 魏受禪表 銜 蔡湛頌

監 古銜切 監 孔廟置卒史碑 監 高彪碑 監 華山亭碑 監 張納碑陰 監 戚伯著碑

巖 魚銜切 巖 孟郁脩堯廟碑 巖 華山亭碑 巖 魯峻碑 巖 白石神君碑 巖 華山廟碑

巖 孫根碑

芟 師銜切 芟 陳球後碑

二十九凡

凡 符咸切 凡 石經公羊 凡 楊震碑 凡 孔宙碑 凡 楊君斜谷碑 凡 楊著碑

凡 樊敏碑 凡 太僕荀君碑

汜 汜 劉熊碑陰 汜 羊竇道碑 汜 綏民尉熊君碑 汜 孔彪碑

杋 杋 孔廟禮器碑

隸韻卷第四終

隸韻卷第五

上聲上

一董

董 多動切　董 魯峻碑　董 北海景君碑陰

董　董 劉熊碑陰　董 董恢闕碑

動 徒揔切　動 石經尚書　動 夏承碑　動 綏民尉熊君碑　動 馮緄碑

矇 母揔切　矇 陳球後碑

總 作孔切亦作揔　總 鄭烈碑　總 華山亭碑　總 樊敏碑

偬 偬周憬功勳銘

孔康董切 孔石經論語 孔老子銘 孔劉寬碑陰 孔孔廟置卒史碑 孔周憬功勳銘

塕烏孔切 塕老子銘

二腫

種之隴切 種費鳳碑

墥 墥張表碑

冗而隴切 冗樊安碑 冗譙敏碑 冗史晨饗孔廟碑

竦荀勇切 竦楊統碑

聳 聳繁陽令楊君碑

奉父勇切 奉孔廟置卒史碑

冢知隴切 冢真道冢碑 冢孔從事碑 冢史晨饗孔廟碑

寵丑勇切 寵樊毅脩華嶽碑 寵楊著碑 寵袁良碑 寵劉熊碑陰 寵夏承碑

寵繁陽令楊君碑 寵帝堯碑 寵孫叔敖碑陰 寵戚伯著碑

[忄重]直隴切 [忄重]北海相景君碑 [忄重]武榮碑 [忄重]李翊夫人碑

隴魯勇切 隴華山亭碑 隴馮緄碑 隴劉寬碑陰

勇余隴切 勇袁良碑 勇孔彪碑 勇孫根碑

涌 涌郙閣頌 涌魏受禪表

踊亦作踴 踊周憬功勳銘 踊靈臺碑 踊費鳳碑陰 踊夏承碑 踊夏堪碑

悀 悀李翕西狹頌

洶許拱切 洶周憬功勳銘

詾 詾 張表碑

恐 丘隴切 恐 石經論語 恐 樊毅復民租碑 恐 孔廟置卒史碑

拱 居悚切 拱 石經論語 拱 費鳳碑 拱 孟郁修堯廟碑

鞏 鞏 魏元丕碑

擁 委勇切 擁 侯成碑 擁 賜馮煥詔

三講

講 古項切 講 婁壽碑 講 孫根碑 講 劉寬後碑 講 武榮碑

蚌 步項切 蚌 靈臺碑

項 戶講切 項 綏民尉熊君碑 項 費鳳碑 項 袁良碑 項 孔廟禮器碑

四紙

抵 諸氏切 抵 張表碑

砥 砥 劉熊碑 砥 郭旻碑

枳 枳 張納碑陰

軹 軹 劉寬碑陰

弛 施氏切 弛 朱龜碑

豕 豕 孔廟置卒史碑

侈 尺氏切 侈 苑鎮碑

姼 姼 費汎碑

是 上紙切 是 石經論語 是 孔廟置卒史碑 是 楊君斜谷碑 是 孫根碑 是 是邦雄桀碑

是 楊著碑 是 費鳳碑 是 陳寔殘碑 是 周憬功勳銘 是 金鄉長辥君碑 是 元賓碑

氏
氏 石經公羊
氏 楊著碑
氏 孫根碑
氏 樊毅脩華嶽碑
氏 孔廟置卒史碑

介 忍氏切
介 張平子碑
介 吴仲山碑

爾
爾 石經尚書
爾 楊君斜谷碑
爾 孫根碑
爾 楊統碑
爾 費鳳碑陰
爾 張納功德叙
爾 孔彪碑
爾 平輿令薛君碑
爾 戚伯著碑

邇
邇 侯成碑
邇 樊毅復民租碑
邇 魯峻碑
邇 督郵斑碑

徙 想氏切
徙 橫海將軍碑

璽
璽 北海相景君碑
璽 張納功德叙

此 雌氏切
此 石經公羊
此 楊君斜谷碑
此 張納功德叙
此 樊毅脩華嶽碑
此 孫叔敖碑陰
此 周憬功勳銘
此 羊竇道碑
此 夏承碑
此 逢盛碑
此 樊敏碑
此 張偉伯穿中記

紫 將此切
紫 孔廟禮器碑
紫 祝睦後碑
紫 馮緄碑
紫 袁良碑
紫 丁魴碑
紫 老子銘

綺 去倚切
綺 四老神祚机碑

技 巨綺切
技 孫叔敖碑
技 孟郁脩堯廟碑
技 張平子碑

倚 隱綺切
倚 老子銘
倚 周公禮殿記

蛾 魚倚切
蛾 陳球後碑

委 於詭切
委 孔宙碑
委 孟郁脩堯廟碑
委 繁陽令楊君碑
委 北海相景君碑
委 張表碑
委 楊統碑
委 戚伯著碑

骫
骫 張表碑

毀 虎委切
毀 曹騰碑陰

詭 古委切
詭 謁者景君墓表

俺
俺 鄭固碑

俾 并弭切
俾 樊毅脩華嶽碑
俾 魏脩孔子廟碑
俾 平都侯蔣君碑
俾 樊安碑
俾 張納功德敘

婢 部弭切
婢 鄭子真舍宅碑

弭 緜婢切
弭 劉寬碑
弭 王政碑

彼 補委切
彼 費鳳碑陰
彼 孔彪碑
彼 靈臺碑
彼 桐柏廟碑
彼 朱龜碑

詖 孔宙碑
詖 李翊夫人碑

被 部靡切
被 北海相景君碑

靡 母被切
靡 唐扶頌
靡 王君石路碑
靡 夏承碑
靡 楊統碑

五旨

旨 軫視切
旨 魏大饗碑

指
指 楊著碑
指 白石神君碑

厎
厎 唐扶頌

矢 式視切
矢 唐扶頌

視 善旨切
視 史晨祠孔廟銘

眡
眡 劉寬碑
眡 費汎碑

水 式軌切
水 石經尚書
水 老子銘
水 桐柏廟碑
水 殽阬君碑

死 想姊切
死 孔廟置卒史碑
死 史晨祠孔廟銘
死 北海相景君碑

姊 蔣兕切
姊 費鳳碑陰
姊 武梁畫像碑
姊 堯廟碑陰

兕 序姊切
兕 孔宙碑
兕 費汎碑

雉 丈几切
雉 魏尊號奏碑

履 兩几切 履 王純碑 履 綏民尉熊君碑 履 劉熊碑 履 李翕坂碑 履 孔彪碑

履 夏承碑

累 魯水切 亦作絫 累 唐扶頌 累 老子銘 累 史晨祠孔廟銘 累 楊統碑 累 夏承碑

累 郙閣頌 絫 綏民尉熊君碑

誄 誄 校官碑 誄 北海相景君碑

癸 居誄切 癸 張表碑 癸 楊統碑 癸 夏承碑 癸 無極山碑 癸 陳寔殘碑

癸 史晨祠孔廟銘 美 處士嚴發碑

揆 巨癸切 揆 孔彪碑 揆 史晨祠孔廟銘 揆 宋恩等題名碑 揆 楊君斜谷碑 揆 劉寬碑

几 舉履切 几 史晨祠孔廟銘

机 机 四老神祚机碑 机 州輔碑

跽 巨几切 跽 史晨饗孔廟碑

洧 羽軌切 洧 侯成碑 洧 費鳳碑陰

鮪 鮪 何君閣道碑

軌 居洧切 軌 唐扶頌 軌 桐柏廟碑 軌 費鳳碑陰 軌 夏承碑 軌 衡方碑

軌 孫根碑

簋 簋 孔宙碑

晷 晷 郙閣頌 晷 帝堯碑 晷 張納功德敘

鄙 補靡切 鄙 樊毅脩華嶽碑 啚 橫海呂將軍碑 鄙 朱龜碑

否 否 孔彪碑 否 樊毅脩華嶽碑 否 衷良碑

美 母鄙切 美 石經魯詩 美 夏承碑 美 蔡湛頌 美 張表碑 美 孫叔敖碑

美 唐扶頌 美 孔彪碑 美 孟郁脩堯廟碑 美 逢盛碑 美 吴仲山碑 美 王元賓碑

比 卑履切 比 石經尚書 比 桐柏廟碑 比 靈臺碑

妣 鄭固碑 妣 夏承碑

秕 秕 孔彪碑

圮 部鄙切 圮 帝堯碑 圮 侯成碑

六止

止 諸市切 止 石經論語 止 魯峻碑 止 李翕坂碑 止 夏承碑 止 戚伯著碑

阯 阯 交阯君神道 阯 劉寬碑陰

齒 昌里切 齒 孫根碑 齒 孫叔敖碑 齒 孫叔敖碑陰

始 詩止切 始 石經公羊 始 東海廟碑 始 樊毅脩華嶽碑 始 魯峻碑 始 殽阬君碑陰

市 上止切 市 靈臺碑 市 北海相景君碑 市 吴仲山碑

恃 恃 張納碑陰

耳 忍止切 耳 脩孔廟後碑

滓 壯仕切 滓 費鳳碑陰

史 爽仕切 史 孔蕃卒史碑 史 孫根碑 史 張納碑陰 史 樊毅脩華嶽碑 史 東海廟碑

史 史晨祠孔廟銘 史 綏民校尉熊君碑 史 老子銘 史 王稚子闕碑 史 馮煥神道碑 史 任君殘碑陰

使 使 石經尚書 使 武梁壽像碑 使 馮煥神道碑 使 譙敏碑 使 鄭烈碑

使 劉寬碑

士 鉏里切 士 石經論語 士 華山亭碑 士 楊統碑 士 魯峻碑 士 麃士金恭闕碑

士 劉熊碑陰 士 麃士嚴發碑

仕 仕 石經論語 仕 魯峻碑 仕 校官碑 仕 靈臺碑 仕 孔宙碑

俟 牀史切 俟 孔廟禮器碑 俟 楊統碑 俟 楊著碑

竢 竢 祝睦後碑 竢 張平子碑

子 祖似切 子 石經魯詩 子 鄭固碑 子 元賓碑 子 殽阬君碑陰 子 王稚子闕碑

子 孔廟置卒史碑 子 老子銘 子 綏民尉熊君碑 子 鄭令景君闕銘 子 周憬功勳銘 子 無極山碑

子 北海相景君碑 子 義井碑陰 子 處士金恭闕碑 子 楊著碑 子 景君碑陰 子 孔耽神祠碑

子 唐公房碑 子 唐公房碑陰 子 楊君斜谷碑 子 孔耽碑後字 子 逢盛碑 子 鄭三益碑

梓 梓 周公禮殿記 梓 馬江碑

似 詳里切 佀 劉熊碑陰

巳 巳 張表碑 巳 李翕坂碑 巳 孔廟置卒史碑

祀 祀 孟郁脩堯廟碑 祀 孔廟置卒史碑

耜 耜 費鳳碑陰

汜 汜 周憬功勳銘 汜 樊毅脩華嶽碑

恥 丑里切 耻 石經論語 耻 費鳳碑 耻 譙敏碑 耻 樊敏碑 耻 王元賓碑

祉 祉 帝堯碑 祉 桐柏廟碑 祉 夏承碑 祉 華山亭碑 祉 北海相景君碑

跱 丈里切 跱 郭究碑

偫 偫 郭仲奇碑 偫 張壽碑

里 良士切 里 樊敏碑 里 中部碑 里 周憬功勳銘 里 樊毅復民租碑 里 夏承碑

理 理 唐扶頌 理 夏承碑 理 五瑞碑 理 周憬功勳銘

裏 裏 吳仲山碑

鯉 鯉孫根碑 鯉逢盛碑

悝 悝劉熊碑陰

李 李李翊碑 李李翕坂碑 李帝堯碑 李中部碑 李老子銘

以 養里切亦作㠯 以石經尚書 以夏承碑 以孔宙碑 以周憬功勳銘 以楊著碑

以 陳寔殘碑 以張納功德叙 以史晨祠孔廟銘 以靈臺碑 以樊毅復民租碑 以帝堯碑

㠯 唐扶頌 㠯武梁畫像碑 㠯劉寬碑 㠯樊安碑 㠯北海相景君碑 㠯譙敏碑

巳 巳石經論語 巳馮緄碑

矣 于紀切 矣石經公羊 矣張納功德叙 矣老子銘 矣夏承碑 矣唐公房碑

矣 周憬功勳銘 矣吳仲山碑

喜 許里切 喜費鳳碑陰 喜孔宙碑 喜孫叔敖碑 喜樊敏碑

憙 憙劉寬碑陰 憙堯廟碑陰

起 墟里切 起費鳳碑陰 起衡方碑 起華山廟碑 起吳仲山碑 起費汎碑

玘 玘殽阬君碑陰

芑 芑衡彈碑

己 居里切 己夏承碑

紀 紀楊著碑 紀綏民尉熊君碑 紀李翕坂碑 紀帝堯碑 紀夏承碑

紀 史晨祠孔廟銘 紀張納功德叙 紀魯峻碑 紀楊君斜谷碑 紀祝睦碑

擬 魚紀切 擬帝堯碑 擬富春丞張君碑 擬苑鎮碑

儗 儗鄘閣頌

七尾

尾 無匪切 尾 楊君斜谷碑
斐 敷尾切 斐 周憬功勳銘
棐 府尾切 棐 孔彪碑
匪 匪 帝堯碑 匪 張納功德叙 匪 孔彪碑
豈 去幾切 豈 唐公房碑 豈 北海相景君碑 豈 吳仲山碑

顗 語豈切 顗 馬江碑
韙 羽鬼切 韙 劉寬碑陰
偉 偉 侯成碑 偉 費鳳碑 偉 張偉伯穿中記
虫 許偉切 虫 唐扶頌 虫 楊君斜谷碑 虫 北嶽祠堂頌
虺 虺 橫海呂將軍碑

鬼 矩偉切 鬼 唐扶頌 鬼 周公禮殿記 鬼 劉脩碑 鬼 樊毅脩華嶽碑

八語

語 偶許切 語 孔廟禮器碑 語 周憬功勳銘
圄 圄 平都侯蔣君碑 圄 魏受禪表 圄 孟郁脩堯廟碑
圉 圉 圉令趙君碑

禦 禦 魏大饗碑
衙 衙 楊君斜谷碑
許 虛呂切 許 華山亭碑 許 劉熊碑陰 許 樊毅脩華嶽碑 許 孔廟置卒史碑
舉 居許切 舉 高頤闕碑 舉 周憬功勳銘 舉 靈臺碑 舉 楊著碑 舉 樊毅脩華嶽碑
莒 莒 費鳳碑陰

筥 筥 魏石經左傳

柜 柜 靈臺碑

巨 臼許切 巨 羊竇道碑 巨 周憬功勳銘 巨 繁陽楊君碑陰 巨 孔從事碑

距 距 楊君斜谷碑 距 賜馮煥詔

鉅 鉅 靈臺碑陰 鉅 帝堯碑

敘 象呂切 敘 北海相景君碑 敘 孫根碑 敘 帝堯碑 敘 馮煥碑陰 敘 老子銘

序 序 孫叔敖碑陰 序 楊君斜谷碑 序 劉熊碑陰 序 孫叔敖碑 序 孟郁脩堯廟碑

序 華山亭碑 序 綏民尉熊君碑

緒 緒 魯峻碑 緒 華山亭碑 緒 唐扶頌 緒 校官碑 緒 帝堯碑

緒 孟郁脩堯廟碑 緒 郙閣頌 緒 戚伯著碑 緒 劉寬碑陰

沮 在呂切 沮 郙閣頌

咀 咀 唐扶頌

所 疎舉切 所 石經論語 所 靈臺碑 所 高彪碑 所 楊君斜谷碑 所 周憬功勳銘

所 鄭固碑 所 羊竇道碑 所 孔廟置卒史碑 所 綏民尉熊君碑 所 夏承碑 所 老子銘

所 馮緄碑

阻 壯所切 阻 曹騰碑陰 阻 周憬功勳銘 阻 李翕西狹頌 阻 楊信碑

俎 俎 魏脩孔子廟碑

楚 創舉切 楚 費鳳碑陰 楚 孫叔敖碑 楚 孫叔敖碑陰 楚 是邦雄桀碑 楚 老子銘

楚 綏民尉熊君碑 楚 衷良碑 楚 李翊夫人碑 楚 武梁畫像碑 楚 樊敏碑 楚 魏石經左傳

暑 賞呂切 暑 衷良碑 暑 三公山碑

鼠 唐公房碑

黍 石經魯詩 白石神君碑 費鳳碑陰 三公山碑 孔宙碑

渚 掌與切 周憬功勳銘

處 敞呂切 處士金恭闕碑 郙閣頌 唐公房碑陰 劉熊碑陰 繁陽令楊君碑

處 唐扶頌 老子銘 樊毅脩華嶽碑 處士嚴發碑

抒 神與切 孔廟禮器碑 張平子碑

汝 忍與切 魯峻碑 綏民校尉熊君碑 汝南令碑

楮 丑呂切 魏尊號奏碑

褚 周憬碑陰

佇 直呂切 亦作竚 孔彪碑 孫根碑

杼 楊統碑陰

䘢 丁呂切 郙閣頌

呂 兩舉切 景君碑陰 韓勑碑陰 魯峻碑 靈臺碑陰 戚伯著碑

旅 郙閣頌 馮緄碑 孔宙碑

女 尼呂切 馬江碑 繁陽令楊君碑

與 弋渚切 石經公羊 北海相景君碑 楊君斜谷碑 吳仲山碑

九麌

詡 況羽切 魏尊號奏碑

矩 俱雨切 亦作榘 費鳳碑陰 桐柏廟碑 張表碑 楊震碑陰

羽 王矩切 北海相景君碑 義井碑陰 劉寬碑陰

禹 禹 孫叔敖碑 禹 樊毅脩華嶽碑 禹 周憬功勳銘 禹 楊君斜谷碑 禹 孔宙碑

雨 雨 孟郁脩堯廟碑 雨 華山亭碑 雨 孔彪碑 雨 無極山碑 雨 費鳳碑

雨 張納功德叙 雨 李君西坂碑 雨 白石神君碑

宇 宇 孔廟禮器碑 宇 孔耽神祠碑 宇 桐柏廟碑 宇 綏民尉熊君碑

寓 寓 史晨祠孔廟銘 寓 魏大饗碑

撫 斐父切 撫 孔宙碑 撫 周憬功勳銘 撫 衷良碑 撫 北海相景君碑 撫 唐扶頌

撫 樊毅脩華嶽碑 撫 朱龜碑

剖 剖 李翕西狹頌

拊 拊 逢盛碑 拊 劉寬碑 拊 魏大饗碑

甫 方矩切 甫 李翊碑 甫 楊著碑 甫 張納功德叙 甫 樊毅脩華嶽碑 甫 綏民尉熊君碑

甫 孫根碑 甫 劉熊碑陰 甫 孔從事碑

郙 郙 郙閣頌

府 府 孫根碑 府 北海相景君碑 府 周憬功勳銘 府 史晨祠孔廟銘 府 夏承碑

府 交阯沈君神道 府 戚伯著碑 府 吳仲山碑 府 武榮碑

俯 俯 鄭固碑 俯 周憬功勳銘 俯 史晨祠孔廟銘 俯 夏承碑

脯 脯 史晨祠孔廟銘

簠 簠 孔宙碑

斧 斧 張納功德叙

莆 莆 周憬功勳銘

黼 黼 石經尚書

輔 扶雨切 輔 孫根碑 輔 楊著碑 輔 北海相景君碑 輔 楊君斜谷碑 輔 衷良碑

輔 綏民尉熊君碑 輔 繁陽令楊君碑 輔 唐扶頌

父 父 石經論語 父 孔耽碑後字 父 北海相景君碑 父 唐扶頌

武 罔甫切 武 石經尚書 武 華山廟碑 武 楊統碑 武 高頤闕碑 武 馮煥碑陰

武 李翕西狹頌 武 何君閣道碑 武 綏民尉熊君碑 武 孫根碑 武 北海相景君碑 武 張納功德叙

武 劉熊碑 武 梁休碑 武 金恭碑 武 劉君閣道題字 武 魯峻碑陰 武 漢磚銘

舞 舞 孟郁脩堯廟碑 舞 唐扶頌 舞 靈臺碑

儛 儛 樊毅脩華嶽碑 儛 孫叔敖碑陰

侮 侮 石經尚書 侮 李翊碑 侮 唐扶頌

廡 廡 孔耽神祠碑

憮 憮 石經論語

取 此主切 取 石經儀禮 取 馮緄碑 取 李翊碑 取 桐柏廟碑 取 武梁畫像碑

主 腫庾切 主 石經儀禮 主 樊毅脩華嶽碑 主 孔廟置卒史碑 主 何君閣道碑 主 綏民尉熊君碑

主 夏承碑

豎 臣庾切 豎 柳敏碑

乳 蘂主切 乳 張公神碑

柱 直主切 柱 唐公房碑 柱 郙閣頌 柱 張偉伯穿中記

蔞 隴主切 蔞 祝睦碑

十姥

溥 滂五切 溥 魏脩孔子廟碑

普 普帝堯碑 普費鳳碑 普繁陽令楊君碑陰

浦 浦孫叔敖碑

補 博古切 補樊毅脩華嶽碑 補斥彰長碑 補王元賓碑

譜 譜孫叔敖碑陰

圃 圃孔宙碑 圃李翊夫人碑

簿 裴古切 簿張納碑陰 簿夏承碑 簿馬江碑

部 部樊毅脩華嶽碑 部北海相景君碑 部李翕坂碑 部劉寬碑陰 部王君石路碑

部史晨祠孔廟銘 部費鳳碑陰

祖 摠五切 祖石經公羊 祖靈臺碑 祖夏承碑 祖華山亭碑 祖綏民校尉熊君碑

祖孔耽碑後字 祖孔謙碣 祖楊君斜谷碑 祖許戴夫人碑

組 組高頤碑

覩 董五切 覩孫根碑 覩魏受禪表 覩張平子碑

堵 堵袁良碑 堵王元賓碑 堵堵陽長劉君碑

睹 睹樊敏碑 睹魏脩孔子廟碑

土 他魯切 土孟郁脩堯廟碑 土老子銘 土華山亭碑 土唐扶頌 土費鳳碑

土劉熊碑

吐 吐張表碑 吐孔廟禮器碑 吐郭究碑

杜 徒古切 杜馮緄碑 杜孫叔敖碑 杜綏民校尉熊君碑 杜真道冢碑

魯 郎古切 魯石經論語 魯孔廟置卒史碑 魯袁良碑 魯唐扶頌 魯周憬功勳銘

虜 虜魏大饗碑

鹵 鹵燕然銘

虎火五切 虎張納功德叙 虎北海相景君碑 虎費鳳碑陰 虎孔從事碑

苦孔五切 苦石經尚書 苦劉脩碑 苦楊君斜谷碑 苦郙閣頌 苦老子銘

苦李翕西坂碑 苦吳仲山碑

古公土切 古石經尚書 古樊毅脩華嶽碑 古綏民尉熊君碑

詁 詁張平子碑

鼓 鼓孫叔敖碑陰 鼓孔廟禮器碑

瞽 瞽魏大饗碑

股 股孟郁脩堯廟碑 股楊君斜谷碑 股蔡湛頌 股樊安碑 股張納功德叙

賈 賈孔廟禮器碑

蠱 蠱唐公房碑

罟 罟費鳳碑陰

戶侯古切 戶孔廟置卒史碑 戶校官碑 戶靈臺碑 戶樊毅脩華嶽碑

怙 怙鄭固碑 怙靈臺碑 怙唐扶頌

岵 岵石經魯詩

鄔安古切 鄔朱龜碑

五阮古切 五石經尚書 五巴官鐵盆銘 五靈臺碑 五華山亭碑 五綏民尉熊君碑

五陳寔殘碑 五張納功德叙 五夏承碑 五鄭季景君闕銘 五桐栢廟碑

午 午楊君斜谷碑 午華山亭碑 午周公禮殿記 午侯成碑

十一薺

洗 小禮切 洗 孔廟禮器碑 洗 夏堪碑

濟 子禮切 濟 靈臺碑

米 莫禮切 米 孔廟置卒史碑 米 樊毅碑

陛 部禮切 陛 孟郁脩堯廟碑 陛 魏尊號奏碑

氐 典禮切 氐 益州守城垻碑

底 底 衛彈碑 底 劉寬碑

詆 詆 楊君斜谷碑

體 他禮切 體 繁陽令楊君碑 體 孟郁脩堯廟碑 體 孫叔敖碑 體 唐扶頌 體 北海相景君碑

軆 周憬功勳銘 軆 靈臺碑 軆 魯峻碑 軆 老子銘 軆 許馘夫人碑

弟 待禮切 弟 石經尚書 弟 馬江碑

禮 里弟切 亦作礼 禮 石經論語 禮 夏承碑 禮 祝睦碑 禮 孫叔敖碑 禮 史晨祠孔廟銘

禮 樊毅脩華嶽碑 禮 周公禮殿記 禮 孔廟置卒史碑 禮 周憬功勳銘 禮 北海相景君碑 礼 鄭固碑

礼 華山亭碑 禮 許馘夫人碑

醴 醴 魏尊號奏碑

澧 澧 周憬功勳銘

蠡 蠡 靈臺碑

禰 乃禮切 禰 孟郁脩堯廟碑

啓 遣禰切 啓 張納功德敘 啓 華山亭碑 啓 帝堯碑 啓 王純碑

稽 稽 孔廟置卒史碑 稽 史晨祠孔廟銘 稽 孫根碑 稽 許馘夫人碑

十二蟹

解 佳買切 解 帝堯碑 解 孔廟禮器碑 解 劉寬碑陰

買 莫解切 買 史晨饗孔廟碑 買 殽阬君碑陰

十三駭

駭 下楷切 駭 張納功德叙 駭 馮緄碑

楷 口駭切 楷 樊安碑 楷 逢盛碑

十四賄

悔 呼罪切 悔 劉寬碑 悔 張納功德叙

猥 烏賄切 猥 無極山碑

隗 五罪切 隗 馮緄碑 隗 帝堯碑

每 母罪切 每 樊毅復民租碑 每 費鳳碑 每 孔彪碑 每 劉寬碑

辠 徂賄切亦作罪 罪 石經尚書 辠 孔宙碑 罪 史晨祠孔廟銘 罪 王純碑 罪 孔廟置卒史碑

磊 魯猥切 磊 魯峻碑

磥 磥 朱龜碑

餧 弩罪切 餧 楊君斜谷碑 餧 張納功德叙 餧 王純碑

十五海

海 呼改切 海 石經論語 海 唐公房碑 海 費鳳碑 海 華山亭碑 海 北海相景君碑 海 東海廟碑 海 義井碑陰 海 戚伯著碑

愷 可亥切亦作凱 凱 衷良碑 凱 樊毅脩華嶽碑 凱 韓勑碑陰 愷 魏受禪表

改 已亥切 改 石經論語 改 夏承碑 改 北海相景君碑 改 費鳳碑陰 改 樊毅脩華嶽碑 改 靈臺碑

亥 胡改切　亥 三公山碑　亥 富春丞張君碑　亥 戚伯著碑

倍 薄亥切　倍 孔廟禮器碑　倍 樊毅復民租碑　倍 譙敏碑

采 此宰切　采 孔宙碑　采 張壽碑　采 郭輔碑　采 曹騰碑陰　采 帝堯碑

采 劉熊碑　采 州輔碑

宰 子亥切　宰 衷良碑　宰 楊統碑　宰 樊安碑

載　載 張壽碑　載 李翕坂碑　載 樊安碑　載 楊統碑　載 劉熊碑

載 劉寬碑陰　載 綏民尉熊君碑

待 蕩亥切　待 石經論語　待 張納碑陰

殆　殆 郙閣頌　殆 李翕狹頌

乃 曩亥切 亦作迺　乃 石經尚書　乃 魯峻碑　乃 孔宙碑　乃 秦頡碑　乃 李翊碑

乃 北海相景君碑　迺 祝睦碑　迺 繁陽令楊君碑　迺 周憬功勳銘　乃 王元賓碑

十六軫

軫 止忍切　軫 衛彈碑　軫 平輿令薛君碑

矧 矢忍切　矧 史晨祠孔廟銘

忍 爾軫切　忍 石經公羊　忍 唐公房碑　忍 華山亭碑　忍 張納功德敘　忍 曹騰碑陰

牝 婢忍切　牝 孫叔敖碑　牝 老子銘

盡 在忍切　盡 史晨祠孔廟銘　盡 孫叔敖碑　盡 李翊碑　盡 堯廟碑側

引 以忍切　引 張納功德敘　引 劉脩碑　引 丁魴碑　引 陳球碑

隕 羽敏切　隕 楊統碑　隕 鄭固碑　隕 王純碑　隕 北海相景君碑　隕 楊著碑

磒　磒 孔彪碑

霣 霣 樊安碑 霣 夏承碑 霣 北海相景君碑 霣 戚伯著碑

愍 美隕切 愍 張納功德敘 愍 繁陽令楊君碑

敏 敏 石經論語 敏 王純碑 敏 孫根碑 敏 孔宙碑 敏 樊毅脩華嶽碑

敏 繁陽令楊君碑 敏 逢盛碑 敏 戚伯著碑

閔 閔 李翊碑 閔 孫叔敖碑 閔 元賓碑

窘 巨隕切 窘 樊毅復民租碑

十七準

准 之尹切 准 祝睦後碑 准 桐柏廟碑

蠢 尺尹切 蠢 張納功德敘 蠢 楊統碑 蠢 孫根碑 蠢 魏石經左傳

蝡 而尹切 蝡 唐扶頌

尹 庾準切 尹 靈臺碑 尹 校官碑 尹 張納碑陰 尹 劉能碑陰

允 允 石經尚書 允 孟郁脩堯廟碑 允 周憬功勳銘 允 張納功德敘 允 魯峻碑

允 郙閣頌 允 魏受禪表

狁 狁 孫根碑

十八吻

粉 府吻切 粉 金恭碑

憤 房吻切 憤 樊安碑 憤 孔彪碑

忿 撫吻切 忿 張納功德敘 忿 魏尊號奏碑

十九隱

隱 於謹切 隱 石經論語 隱 郙閣頌 隱 唐扶頌 隱 袁良碑 隱 侯成碑

隱 孔耽神祠碑 隱 靈臺碑 隱 老子銘 隱 督郵斑碑 隱 吳仲山碑

謹 几隱切 謹 孔廟置卒史碑 謹 靈臺碑 謹 樊毅復民租碑

近 巨謹切 近 羊竇道碑 近 樊毅復民租碑

二十阮

婉 於阮切 婉 郭輔碑

宛 宛 景君碑陰 宛 秦頡碑 宛 桐柏廟碑

琬 琬 秦頡碑 琬 蔡湛頌

苑 苑 苑鎮碑

遠 雲遠切 遠 石經論語 遠 魯峻碑 遠 郯景君闕銘 遠 羊竇道碑 遠 高彪碑

遠 遠 北海相景君碑 遠 樊毅復民租碑

蹇 紀偃切 蹇 高頤碑

蹇 蹇 靈臺碑陰

謇 謇 張表碑 謇 鄭固碑 謇 費鳳碑

楗 巨偃切 楗 何君閣道碑 楗 楊統碑 楗 楊君斜谷碑 楗 馮緄碑

匽 於幰切 匽 孟郁脩堯廟碑

反 甫遠切 反 孔宙碑 反 史晨祠孔廟銘 反 校官碑

返 返 費鳳碑

坂 坂 李君西坂碑

晚 武遠切 晚 北海相景君碑

挽 挽 謁者景君墓表

二十一混

混 胡本切 亦作渾 混 老子銘 混 周公禮殿記

掍 掍 祝睦後碑

梱 苦本切 梱 柳敏碑

衮 古本切 衮 郭仲奇碑 衮 魏受禪表

鯀 鯀 周憬功勳銘

緄 緄 馮緄碑 緄 綏民校尉熊君碑

本 布衮切 本 石經論語 本 義井碑陰 本 吳仲山碑

損 蘇本切 損 石經論語 損 老子銘 損 孫根碑 損 唐公房碑

沌 杜本切 沌 老子銘

二十二很

闕

二十三旱

旱 下罕切 旱 桐柏廟碑

罕 許旱切 罕 孫叔敖碑

侃 空旱切 侃 費鳳碑

衎 衎 孫根碑 衎 唐扶頌 衎 袁良碑

散 蘇旱切 散 郙閣頌 散 華山亭碑 散 周公禮殿記

亶 多旱切 亶 張納碑陰

癉 癉 華山亭碑

但 徒旱切 但 華山廟碑

誕 誕 孔彪碑 誕 張表碑 誕 劉熊碑 誕 橫海呂將軍碑

二十四緩

款 苦管切 款 魏尊號奏碑

管 古緩切 管 北海相景君碑 管 觴豆碑陰 管 真道冢碑

錧 錧 祝睦後碑

館 館 樊毅脩華嶽碑 館 周公禮殿記 館 衷良碑

悺 悺 劉寬碑陰

滿 莫旱切 滿 孟郁脩堯廟碑 滿 鄭固碑 滿 衷良碑 滿 樊敏碑 滿 冀州郭從事碑

纂 作管切 纂 陳球碑 纂 圉令趙君碑

纘 纘 樊敏碑 纘 華山亭碑 纘 帝堯碑 纘 楊震碑 纘 平都侯蔣君碑

短 都管切 短 馬江碑 短 張表碑 短 冀州郭從事碑

卵 魯管切 卵 郙閣頌

煖 乃管切 煖 魏尊號奏碑

隸韻卷第五終

隸韻卷第六

上聲下

二十五潸　二十六產
二十七銑　二十八獮
二十九篠　三十小

三十一巧　三十二皓
三十三哿　三十四果
三十五馬　三十六養
三十七蕩　三十八梗
三十九耿　四十靜
四十一迥　四十二拯
四十三等　四十四有
四十五厚　四十六黝
四十七寑　四十八敢
四十九感　五十欽謹避寫

五十一忝　五十二广
五十三豏　五十四檻
五十五范

二十五潸

撰 雛晥切
撰 郭究碑
撰 史晨祠孔廟銘

饌 饌 孟郁脩堯廟碑

板 補綰切 板 華山亭碑 板 甄𨚗識坐板凾 板 張平子碑

二十六産

産 所簡切 産 樊安碑 産 孫叔敖碑陰 産 劉熊碑 産 馮緄碑 産 魯峻碑

産 綏民尉熊君碑

孱 楚限切 孱 譙敏碑

限 下簡切 限 鄭固碑 限 張平子碑

簡 古限切 簡 石經尚書 簡 孫根碑 簡 鄭固碑 簡 桐栢廟碑 簡 孔宙碑

柬 亦作揀 柬 魏石經左傳 揀 平輿令薛君碑

二十七銑

典 多殄切 典 石經公羊 典 孔廟置卒史碑 典 孫叔敖碑 典 華山亭碑 典 綏民尉熊君碑

典 帝堯碑 典 羊竇道碑 典 祝睦碑 典 劉寬碑 典 夏承碑 典 孔宙碑

典 劉寬碑陰

⿱竹典 ⿱竹典 祝睦碑 ⿱竹典 費鳳碑陰 ⿱竹典 楊統碑 ⿱竹典 孔彪碑

殄 徒典切 殄 帝堯碑 殄 周憬功勳銘 殄 孔彪碑

顯 呼典切 顯 石經尚書 顯 華山亭碑 顯 郭仲奇碑 顯 老子銘 顯 李翊碑

顯 孔宙碑 顯 綏民尉熊君碑 顯 唐扶頌 顯 斥彰長碑

繭 吉典切 繭 魏受禪表

泫 胡犬切 泫 周憬功勳銘

鉉 鉉 樊敏碑

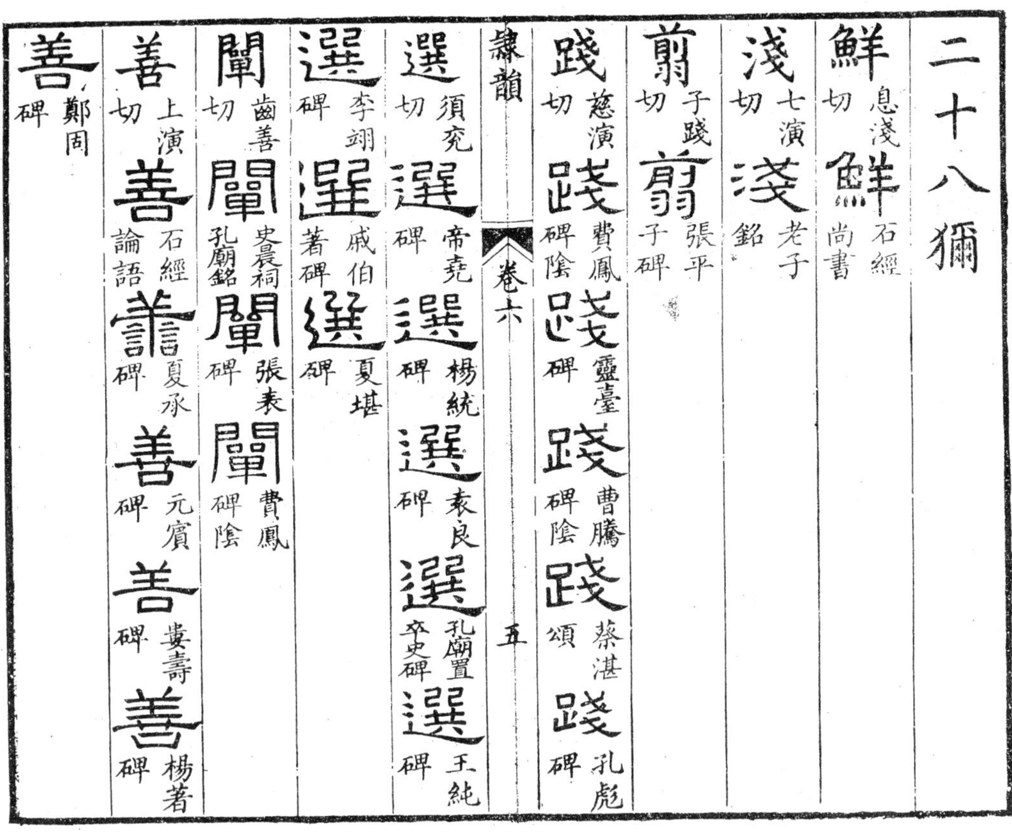

二十八獮

鮮 息淺切 鮮 石經尚書

淺 七演切 淺 老子銘

翦 子踐切 翦 張平子碑

踐 慈演切 踐 費鳳碑陰 踐 靈臺碑 踐 曹騰碑陰 踐 蔡湛頌 踐 孔彪碑

選 須兗切 選 帝堯碑 選 楊統碑 選 袁良碑 選 孔廟置卒史碑 選 王純碑

選 李翊碑 選 戚伯著碑 選 夏堪碑

闡 齒善切 闡 史晨祠孔廟銘 闡 張表碑 闡 費鳳碑陰

善 上演切 善 石經論語 善 夏承碑 善 元賓碑 善 婁壽碑 善 楊著碑

善 鄭固碑

舛 尺兗切 舛 孔耽神祠碑

譔 鶵免切 譔 苑鎮碑

黽 彌兗切 黽 五瑞碑

辨 平免切 辨 郙閣頌 辨 樊毅脩華嶽碑 辨 北海相景君碑

辯 辯 孔彪碑 辯 老子銘

免 美辨切 免 石經論語

勉 勉 袁良碑 勉 馮緄碑

冕 冕 婁壽碑

展 知輦切 展 韓勑碑陰

輦 力展切 輦 魯峻碑 輦 孔廟禮器碑 輦 張平子碑

轉 陟兖切 轉 唐公房碑

遣 去演切 遣 曹騰碑陰 遣 何君閣道碑 遣 樊毅復民租碑 遣 王純碑 遣 孟郁脩堯廟碑

遣 楊君斜谷碑

演 以淺切 演 史晨祠孔廟銘 演 張表碑 演 仲定碑

衍 衍 孟郁脩堯廟碑 衍 北海相景君碑

兖 以轉切 兖 王稚子闕碑 兖 王純碑 兖 韓勑碑陰 兖 鄭烈碑 兖 夏承碑

兖 劉熊碑陰

圈 巨卷切 圈 四老神祚机碑

卷 右轉切 卷 劉寬碑陰

蜎 狂兖切 蜎 唐扶頌

二十九篠

鳥 丁了切 鳥 石經論語 鳥 孔耽神祠碑 鳥 樊毅脩華嶽碑

樢 樢 費鳳碑陰

窕 徒了切 窕 三公山碑

燎 盧皎切 燎 華山廟碑 燎 樊毅脩華嶽碑

杳 伊鳥切 杳 婁壽碑

窈 窈 三公山碑

曉 馨杳切 曉 楊君斜谷碑 曉 州輔碑

皦 吉了切 皦 劉脩碑 皦 繁陽令楊君碑 皦 費鳳碑陰

三十小

小 私兆切 小 石經公羊 小 楊著碑 小 魯峻碑 小 曹騰碑 小 羊竇道碑

小 周憬功勳銘 小 史晨祠孔廟銘

剿 子小切 剿 衡方碑

勦 勦 張公神碑

少 始紹切 少 靈臺碑 少 孔廟置卒史碑 少 吳仲山碑

沼 止少切 沼 孫叔敖碑

紹 市沼切 紹 孔宙碑 紹 夏承碑

擾 爾紹切 擾 石經論語 擾 蔡湛頌 擾 李翊碑 擾 劉脩碑 擾 周公禮殿記

擾 靈臺碑 擾 費鳳碑陰

趙 直紹切 趙 石經公羊 趙 楊君斜谷碑 趙 馮緄碑 趙 羊竇道碑 趙 唐公房碑陰

趙 劉熊碑陰 趙 孔廟置卒史碑 趙 殽阬君碑陰

肇 肇 周憬功勳銘 肇 衡方碑 肇 平輿令薛君碑

兆 兆 帝堯碑 兆 韓勑碑陰 兆 靈臺碑 兆 楊震碑陰

夭 於兆切 夭 楊君斜谷碑 夭 夏承碑 夭 李翊夫人碑

矯 舉夭切 矯 張納功德叙

眇 弭沼切 眇 鄭固碑 眇 王純碑陰

表 彼小切 表 石經論語 表 樊毅復民租碑 表 張表碑 表 孔廟禮器碑 表 唐扶頌

表 綏民尉熊君碑 表 靈臺碑 表 馮緄碑 表 老子銘 表 高彪碑

殍 被表切 殍 益州守城垻碑

麃 滂表切 麃 孔廟禮器碑

三十一巧

巧 苦絞切 巧 孟郁脩堯廟碑 巧 郙閣頌

狡 古巧切 狡 樊敏碑

飽 博巧切 飽 魏大饗碑

鮑 部巧切 鮑 孔廟置卒史碑 鮑 范式碑

卯 莫飽切 卯 魯峻碑 卯 帝堯碑 卯 史晨祠孔廟銘 卯 華山亭碑 卯 魏石經左傳

稍 山巧切 稍 陳球後碑 稍 殽阬君碑

爪 側絞切 爪 鄭固碑 爪 斥彰長碑

橈 女巧切 橈 孫根碑

撓 撓 陳球碑 撓 樊敏碑

三十二皓

晧 下老切 晧 郙閣頌 晧 老子銘 晧 夏承碑 晧 綏民尉熊君碑

昊 昊 馬江碑 昊 魯峻碑 昊 綏民尉熊君碑

顥 顥 繁陽楊君碑陰

鎬 鎬 仲秋下旬碑

浩 浩 孟郁脩堯廟碑

鄗 鄗 樊毅脩華嶽碑 鄗 鄭烈碑

好 許皓切 好 李翕西狹頌

考 苦浩切 考 孔宙碑 考 李翊碑 考 樊毅脩華嶽碑 考 史晨祠孔廟銘 考 貴鳳碑陰 考 夏承碑 考 鄭固碑 考 孫根碑 考 北海相景君碑

杲 古老切 杲 州輔碑陰

暠 暠 中部碑

縞 縞 馬江碑 縞 侯成碑

槀 槀 樊毅復民租碑 槀 蔡湛頌

寶 博抱切 寶 王君石路碑 寶 北海相景君碑 寶 周憬功勳銘 寶 夏承碑

保 保 石經尚書 保 劉熊碑 保 孫根碑

褓 褓 魏受禪表

抱 薄皓切 抱 孫根碑 抱 老子銘 抱 夏承碑 抱 周憬功勳銘

掃 穌老切 掃 蔡湛頌 掃 孫叔敖碑 掃 樊毅脩華嶽碑

草 采早切 草 孔彪碑 草 三公山碑 草 朱龜碑 草 唐扶頌 屮 無極山碑

草 劉熊碑

早 子浩切 通作蚤 早 繁陽令楊君碑 早 費鳳碑 早 夏承碑 蚤 樊安碑 蚤 堯廟碑陰

藻 藻 度尚碑 藻 苑鎮碑 藻 劉衡碑

造 在早切 造 桐栢廟碑 造 种君石虎刻字 造 耿氏鐙字 造 何君閣道碑

倒 都皓切 倒 魏大饗碑 倒 北海相景君碑

禱 禱 樊毅復民租碑 禱 楊著碑 禱 蔡湛頌 禱 戚伯著碑

討 土皓切 討 樊安碑 討 袁良碑 討 馮緄碑

道 杜皓切 道 石經尚書 道 交阯沇君神道 道 緜竹江君神道 道 帝堯碑 道 何君閣道碑

道 夏承碑 道 李翕坂碑 道 唐扶頌 道 龐公神道 道 羊竇道碑 道 孔宙碑

稻 稻 白石神君碑

老 魯皓切　老 袁良碑　老 費鳳碑　老 桐柏廟碑　老 老子銘　老 祝睦碑

老 唐公房碑　老 羊竇道碑　老 孔宙碑　老 魏脩老子廟詔

三十三哿

可 口我切　可 石經論語　可 唐公房碑　可 馮緄碑　可 孔廟置卒史碑

軻　軻 孔耽神祠碑

我 五可切　我 石經尚書　我 帝堯碑　我 華山廟碑　我 北海相景君碑　我 楊著碑

我 綏民尉熊君碑　我 袁良碑　我 三公山碑　我 張表碑　我 元賓碑　我 孫根碑

我 張納功德敘　我 平輿令薛君碑

左 臧可切　左 石經論語　左 張公神碑　左 張納碑陰　左 華山亭碑　左 夏承碑

柁 待可切　柁 周憬功勳銘

三十四果

果 古火切　果 唐公房碑　果 橫海將軍碑

火 虎果切　火 靈臺碑　火 高彪碑　火 周公禮殿記　火 帝堯碑

禍 胡果切　禍 郙閣頌　禍 老子銘

頗 普火切　頗 老子銘　頗 袁良碑

隨 徒果切　隨 陳球後碑　隨 魏脩孔子廟碑

三十五馬

馬 莫下切　馬 石經公羊　馬 交阯沈君神道　馬 馮煥碑陰　馬 靈臺碑　馬 馮緄碑

馬 孔彪碑陰　馬 魯峻碑　馬 唐公房碑

寫 先野切　寫 殽阬君碑　寫 譙敏碑

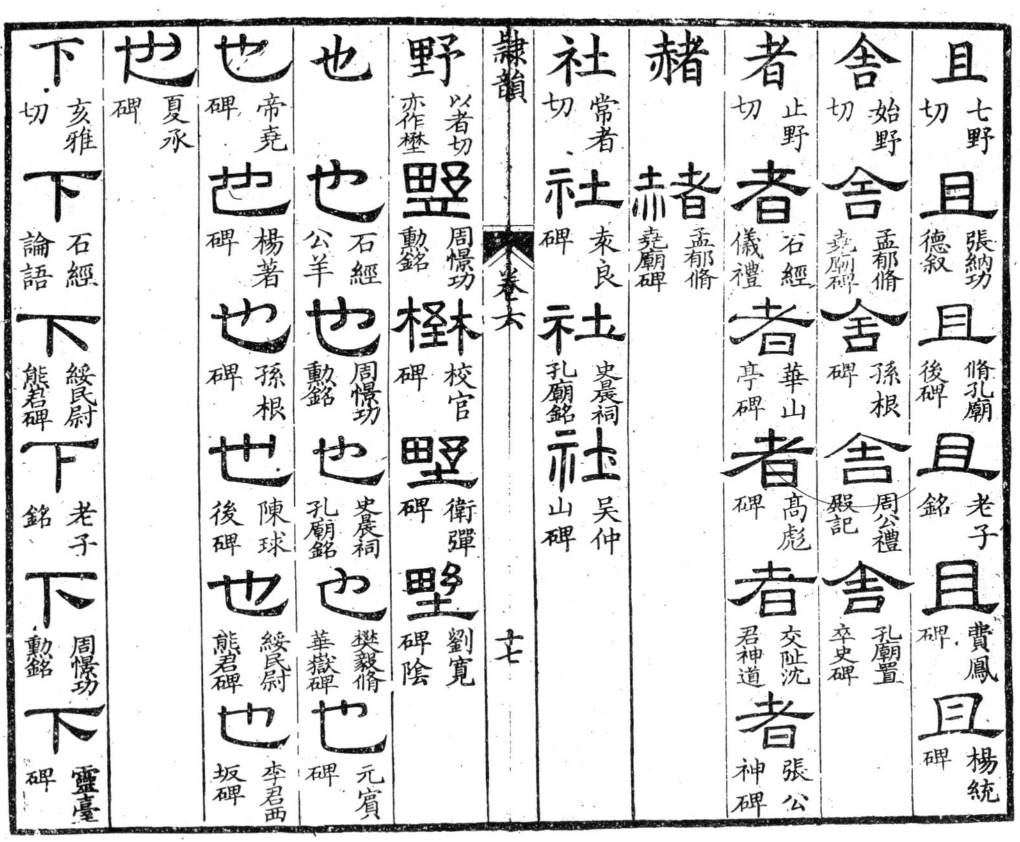
且 七野切
且 張納功德叙
且 脩孔廟後碑
且 老子銘
且 費鳳碑
且 楊統碑

舍 始野切
舍 孟郁脩堯廟碑
舍 孫根碑
舍 周公禮殿記
舍 孔廟置卒史碑

者 止野切
者 石經儀禮
者 華山亭碑
者 高彪碑
者 交阯沈君神道
者 張公神碑

赭
赭 孟郁脩堯廟碑

社 常者切
社 衣良碑
社 史晨祠孔廟銘
社 吳仲山碑

野 以者切 亦作壄
壄 周憬功勳銘
壄 校官碑
壄 衛彈碑
壄 劉寬碑陰

也
也 石經公羊
也 周憬功勳銘
也 史晨祠孔廟銘
也 樊毅脩華嶽碑
也 元賓碑

也 帝堯碑
也 楊著碑
也 孫根碑
也 陳球後碑
也 綏民尉熊君碑
也 李君西坂碑

也 夏承碑

下 亥雅切
下 石經論語
下 綏民尉熊君碑
下 老子銘
下 周憬功勳銘
下 靈臺碑

賈 舉下切
賈 中部碑
賈 建平郫縣碑
賈 宗季方題名碑

假
假 楊統碑
假 繁陽令楊君碑
假 吳仲山碑
假 北海相景君碑

嘏
嘏 孔宙碑
嘏 太僕荀君碑

雅 語下切
雅 楊君斜谷碑
雅 校官碑
雅 張表碑
雅 劉熊碑陰
雅 張平子碑

寡 古瓦切
寡 樊安碑
寡 北海相景君碑
寡 孫叔敖碑

三十六養

養 以兩切
養 侯成碑
養 孫叔敖碑
養 孔宙碑
養 李翊碑
養 史晨祠孔廟銘

養 老子銘
養 孫根碑

象 似兩切
象 周憬功勳銘
象 郙閣頌
象 孔耽神祠碑
象 孫叔敖碑
象 靈臺碑

象 孔廟置卒史碑

像 像北海相景君碑 像周憬功勳銘 像柳敏碑 像唐扶頌 像劉寬碑

蔣 子兩切 蔣平都侯蔣君碑

兩 良蔣切 兩李翕西狹頌 兩劉熊碑 兩周公禮殿記 兩周憬功勳銘

仰 魚兩切 仰繁陽令楊君碑 仰周憬功勳銘 仰費鳳碑陰 仰孟郁脩堯廟碑

想 息兩切 想老子銘 想孔彪碑

掌 止兩切 掌袁良碑 掌孔廟置卒史碑 掌王純碑 掌唐扶頌 掌侯鉦銘字

爽 所兩切 爽孔彪碑

敞 齒兩切 敞馬江碑 敞桐柏廟碑 敞楊君斜谷碑 敞老子銘

響 許兩切 響劉寬碑陰 響史晨祠孔廟銘

嚮 嚮靈臺碑 嚮劉熊碑 嚮鄭烈碑 嚮大嚮記殘碑

享 享靈臺碑 享孟郁脩堯廟碑 享史晨祠孔廟銘 享樊毅脩華嶽碑

饗 饗石經尚書 饗孔廟置卒史碑 饗袁良碑

繈 舉兩切 繈平都侯蔣君碑

襁 襁魏受禪表

丈 除兩切 丈李翕黽坂碑 丈建平郫縣碑 丈何君閣道碑

衵 日兩切 衵孔從事碑

攘 汝兩切 攘蔡湛頌

賞 始兩切 賞唐扶頌 賞楊著碑陰

髣 妃兩切 髣史晨饗孔廟碑 髣魏脩孔子廟碑

仿 仿馬江碑

罔 文紡切　罔 石經尚書　罔 周憬功勳銘　罔 桐柏廟碑　罔 孔廟置卒史碑　罔 袁良碑

网 蔡湛頌　网 孔彪碑　网 靈臺碑　网 逢盛碑　网 魏尊號奏碑

昉 甫兩切　昉 華山廟碑

放　放 石經論語　放 魏尊號奏碑　放 侯鉦銘字

枉 嫗往切　枉 費鳳碑　枉 元賓碑　枉 夏承碑　枉 綏民校尉熊君碑

往 羽兩切　往 周憬功勳銘　往 羊竇道碑　往 華山亭碑　往 唐公房碑　往 郙閣頌

長 展兩切　長 司馬孟臺神道　長 公乘伯喬題名　長 江原長進德碣

三十七蕩

蕩 徒沆切　蕩 石經尚書　蕩 周憬功勳銘　蕩 魯相謁孔廟碑　蕩 唐扶頌　蕩 郙閣頌

盪　盪 蔡湛頌

碭　碭 楊君斜谷碑

黨 多曩切　黨 石經尚書　黨 孔廟置卒史碑　黨 北海相景君碑　黨 平都侯蔣君碑　黨 張平子碑

黨 夏承碑　黨 孔彪碑

讜　讜 北海相景君碑　讜 孫根碑　讜 華山亭碑　讜 楊君斜谷碑

帑 他曩切　帑 張納功德敘

曩 乃黨切　曩 張平子碑　曩 張納功德敘

莽 母黨切　莽 靈臺碑陰　莽 唐公房碑　莽 袁良碑

顙 寫曩切　顙 丁魴碑　顙 唐扶頌　顙 張表碑　顙 孫根碑

忼 口黨切 亦作慷　忼 費鳳碑陰　忼 度尚碑　忼 孫叔敖碑　忼 孫根碑　慷 樊安碑

慷 周憬功勳銘

晃 戶廣切 晃 靈臺碑 晃 魏尊號奏碑 晃 逢盛碑 晄 北海景君碑陰

廣 台晃切 廣 魯峻碑 廣 劉熊碑 廣 唐公房碑 廣 王君石路碑 廣 靈臺碑

廣 公乘伯喬題名 廣 綏民尉熊君碑 廣 緜竹王君神道 廣 堯廟碑陰 廣 斥彰長碑

三十八梗

鯁 古杏切 鯁 柳敏碑

骾 骾 校官碑

猛 母梗切 猛 石經論語 猛 孫根碑 猛 楊統碑

丙 補永切 丙 華山亭碑 丙 綏民尉熊君碑 丙 唐扶頌 丙 孔彪碑

昺 昺 魏尊號奏碑

炳 炳 孟郁脩堯廟碑 炳 史晨祠孔廟銘 炳 唐扶頌

邴 邴 樊毅脩華嶽碑 邴 劉熊碑陰 邴 北海景君碑陰

秉 秉 帝堯碑 秉 鄭烈碑 秉 橫海呂將軍碑

皿 眉永切 皿 史晨祠孔廟銘

省 所景切 省 靈臺碑 省 校官碑 省 劉熊碑 省 繁陽令楊君碑 省 華山亭碑

省 樊毅脩華嶽碑

眚 眚 桐柏廟碑

景 居影切 景 孟郁脩堯廟碑 景 樊毅脩華嶽碑 景 馮煥碑陰 景 周憬功勳銘 景 劉熊碑陰

景 靈臺碑陰 景 張納功德叙 景 夏承碑

境 境 周公禮殿記 境 唐扶頌 境 張平子碑

警 警 鄭烈碑

永 于憬切 永 石經尚書 永 孟郁脩堯廟碑 永 夏承碑 永 景君碑陰 永 樊毅脩華嶽碑

永 周憬功勳銘 永 繁陽令楊君碑 永 逢盛碑 永 巴官鐵盆銘 永 華山亭碑 永 羊竇道碑

憬 居永切 憬 周憬功勳銘

三十九耿

耿 古幸切 耿 史晨祠孔廟銘 耿 耿氏鐙字 耿 楊震碑陰

幸 下耿切 幸 周公禮殿記 幸 樊毅復民租碑 幸 樊安碑 幸 吳仲山碑

四十靜

靜 疾郢切 靜 華山亭碑 靜 韓勑碑陰 靜 楊君斜谷碑 靜 魯峻碑 靜 李翕西狹頌

靜 譙敏碑 靜 老子銘 靜 李翊夫人碑 靜 郯令景君闕銘

靖 靖 郙閣頌 靖 繁陽令楊君碑 靖 帝堯碑 靖 綏民尉熊君碑

請 此靜切 請 孔廟置卒史碑 請 夏承碑 請 郯令景君闕銘

井 子郢切 井 王君石路碑 井 楊震碑陰

整 之郢切 整 華山亭碑 整 張納功德敘 整 繁陽令楊君碑 整 楊君斜谷碑 整 逢盛碑

逞 丑郢切 逞 孔彪碑 逞 老子銘

騁 騁 周憬功勳銘 騁 魏大饗碑

領 里郢切 領 孔廟置卒史碑 領 張納碑陰 領 費鳳碑

郢 以井切 郢 孫叔敖碑

潁 庚頃切 潁 靈臺碑 潁 孟郁脩堯廟碑 潁 陳寔殘碑 潁 魯峻碑 潁 劉寬碑陰

頃 犬潁切 頃 唐公房碑 頃 衷良碑

屏 必郢切 屏 史晨祠孔廟銘 屏 帝堯碑 屏 北海相景君碑

瀴 於郢切 瀴 孔宙碑陰

四十一迥

迥 戶頂切 迥 張納功德叙

炯 炯 楊震碑

瑩 烏迥切 瑩 楊著碑 瑩 冀州郭從事碑

竝 部迥切亦作並 竝 校官碑 竝 老子銘 竝 夏承碑 竝 綏民尉熊君碑 竝 王元賓碑

鼎 都挺切 鼎 鄭固碑 鼎 費鳳碑 鼎 朱龜碑 鼎 孫根碑 鼎 北海相景君碑

鼎 陳寔殘碑 鼎 樊毅脩華嶽碑

挺 待鼎切 挺 夏承碑 挺 馬江碑 挺 史晨祠孔廟銘 挺 張表碑

四十二拯

拯 之庱切 拯 孔彪碑

四十三等

等 多肯切 等 樊毅脩華嶽碑 等 馮緄碑 等 孔廟置卒史碑 等 唐扶頌 等 周憬功勳銘

等 魯峻碑 等 高彪碑 等 孔彪碑 等 孔從事碑 等 逢盛碑

肯 苦等切 肎 石經魯詩 肎 華山亭碑

四十四有

有 云九切 有 石經尚書 有 陳寔殘碑 有 周憬功勳銘 有 北海相景君碑 有 華山亭碑

有 綏民尉熊君碑 有 夏承碑 有 靈臺碑 有 孫根碑 有 陳球碑 有 征南劉君神道

友 友 石經論語 友 費鳳碑 友 張表碑 友 孔謙碣

朽 許久切 朽 郙閣頌 朽 孔宙碑 朽 益州守無名碑 朽 逢盛碑 朽 綏民尉熊君碑

㱙 夏承碑 㱙 楊統碑
九 舉有切 九 帝堯碑 九 王君石路碑 九 何君閣道碑 九 綏民尉熊君碑 九 是邦雄桀碑
九 北海相景君碑
久 石經論語 久 王君石路碑 久 靈臺碑 久 樊毅脩華嶽碑
舅 巨九切 舅 費鳳碑陰 舅 樊安碑 舅 孔廟禮器碑 舅 樊毅脩華嶽碑 舅 戚伯著碑

咎 咎 袁良碑 咎 靈臺碑 咎 劉寬後碑 咎 橫海呂將軍碑
酉 以九切 酉 孔廟置卒史碑 酉 脩孔廟後碑 酉 侯成碑 酉 李翕坂碑 酉 沈子琚江堰碑
酉 逢盛碑
牖 牖 婁壽碑 牖 孔從事碑
誘 誘 劉熊碑 誘 周憬功勳銘 誘 劉寬碑

否 俯九切 否 張表碑
不 不 石經尚書 不 羊竇道碑 不 夏承碑 不 史晨祠孔廟銘 不 周憬功勳銘
不 李翊碑 不 孟郁脩堯廟碑 不 劉熊碑 不 孔廟禮器碑 不 逢盛碑 不 楊統碑
不 綏民尉熊君碑
婦 房缶切 婦 費鳳碑陰 婦 吳仲山碑 婦 徐氏紀產碑

負 負 孫叔敖碑 負 帝堯碑 負 羊竇道碑 負 徐氏紀產碑
阜 阜 張納功德敘 阜 袁良碑
酒 子酉切 酒 石經魯詩 酒 中部碑 酒 孔廟置卒史碑 酒 孫叔敖碑
首 始九切 首 無極山碑 首 馮緄碑 首 孔廟置卒史碑 首 帝堯碑 首 綏民尉熊君碑
首 北海相景君碑

手 手孔耽碑後字 手孫根碑 手衷良碑 手劉寬碑

守 守高頤闕碑 守劉熊碑 守夏承碑 守公乘伯喬題名 守周憬功勳銘

守北海相景君碑 守綏民尉熊君碑 守何君閣道碑 守劉寬碑陰

醜齒九切 醜張表碑 醜張納功德叙 醜孔彪碑 醜孫叔敖碑

受是酉切 受石經尚書 受唐扶頌 受孫根碑 受三公山碑 受孟郁脩堯廟碑

受馮緄碑 受吳仲山碑 受夏承碑 受華山亭碑 受魏石經左傳

獀所九切 獀魏大饗碑

丑敕九切 丑無極山碑 丑楊統碑 丑种君石虎刻字

紂丈九切 紂石經論語

柳力九切 柳柳敏碑

紐女九切 紐唐扶頌

四十五厚

厚很口切 厚老子銘 厚婁壽碑 厚唐公房碑 厚史晨祠孔廟銘 厚李翕西狹頌

後 後石經尚書 後張公神碑

口去厚切 口石經尚書 口樊毅復民租碑 口孫根碑

叩 叩孔廟置卒史碑

耇舉后切 耇孔彪碑 耇費鳳碑

苟 苟石經論語 苟婁壽碑 苟督郵斑碑

狗 狗魏大饗碑

垢 垢樊毅復民租碑

偶 語口切 偶 劉熊碑

耦 耦 婁壽碑

藕 藕 孔耽神祠碑

剖 普后切 剖 張納功德叙 剖 周憬功勳銘

母 莫後切 母 石經論語 毋 靈臺碑 母 郯景君闕銘

畝 畝 費鳳碑 畝 丁魴碑 丂田 徐氏紀產碑

晦 晦 劉脩碑

牡 牡 孫叔敖碑 牡 樊毅脩華嶽碑

傁 蘇后切 傁 無極山碑

藪 藪 孫叔敖碑

走 子口切 走 桐柏廟碑

斗 當口切 斗 巴官鐵盆銘 斗 祝睦後碑

四十六黝

糾 吉酉切 糾 夏承碑 糾 丁魴碑 糾 張表碑 糾 朱龜碑 糾 冀州郭從事碑

赳 赳 校官碑

四十七寢

寢 七稔切 寢 史晨祠孔廟銘 寢 祝睦後碑 寢 費鳳碑 寢 張表碑 寢 魏脩孔子廟碑

審 式荏切 審 公乘伯喬題名 審 李翕西狹頌 審 郙閣頌 審 唐扶頌

沈 沈 沈子琚江堰碑 沈 交阯沈君神道 沈 劉寬碑

枕 章荏切 枕 樊敏碑

稔 忍甚切 稔 元賓碑 稔 費鳳碑 稔 孔宙碑 稔 郙閣頌 稔 李翕西狹頌

衽 衽 楊統碑

稟 筆錦切 稟 孟郁脩堯廟碑

品 丕錦切 品 帝堯碑 品 張納功德叙 品 樊毅脩華嶽碑

朕 直稔切 朕 石經尚書 朕 曹騰碑陰 朕 衷良碑

廩 力錦切 廩 州輔碑陰 廩 魏石經左傳

飲 於錦切 飲 吴仲山碑 飲 唐公房碑 飲 北海相景君碑 飲 史晨祠孔廟銘 飲 楊震碑

四十八感

感 古禫切 感 夏承碑 感 侯成碑 感 孫叔敖碑 感 靈臺碑 感 李翊碑

感 唐扶頌 感 李翊夫人碑 感 吴仲山碑

䁮 徒感切 䁮 張壽碑

轗 苦感切 轗 孔耽神祠碑

慘 七感切 慘 馬江碑 慘 李翊碑

四十九敢

敢 古覽切 敢 石經尚書 敢 史晨祠孔廟銘 敢 孔廟置卒史碑 敢 鄭固碑 敢 孔彪碑

敢 老子銘 敢 魏尊號奏碑

覽 魯敢切 覽 張納功德叙 覽 華山亭碑 覽 孟郁脩堯廟碑 覽 夏承碑 覽 元賓碑

覽 祝睦後碑

攬 攬 衡方碑

五十 敬謹避寫

御名 以冉切 琰 蔡湛頌
漸 疾染切 漸 張表碑 漸 衷良碑 漸 華山亭碑 漸 樊毅脩華嶽碑
陜 失冉切 陜 華山亭碑 陜 劉寬碑陰
冄 而□切 冄 鄭固碑
染 染 魏大饗碑 染 燕然銘

諂 丑□切 諂 石經論語
斂 力冉切 斂 劉寬後碑
險 虛檢切 險 王君石路碑 險 孔宙碑 險 曹騰碑陰 險 周憬功勳銘
獫 獫 兗州守無名碑 獫 孫根碑
儉 巨險切 儉 孔廟禮器碑 儉 郙閣頌 儉 魯峻碑 儉 楊著碑 儉 張納功德敘

儉 衷良碑
奄 衣檢切 奄 魏上尊號奏碑 奄 樊敏碑 奄 北海相景君碑 奄 費鳳碑陰 奄 橫海呂將軍碑
掩 掩 孫叔敖碑 掩 賜馮煥詔
晻 晻 平輿令薛君碑
貶 悲檢切 貶 楊君斜谷碑 貶 魏脩孔子廟碑

五十一忝
忝 他點切 忝 張壽碑 忝 譙敏碑
五十二广
儼 魚掩切 儼 石經論語
五十三豏

減 古斬切 減 李翕西狹頌

黯 乙減切 黯 魏元丕碑

斬 側減切 斬 衷良碑 斬 費鳳碑陰 斬 馮緄碑

湛 丈減切 湛 蔡湛頌 湛 張表碑

嶄 士減切 嶄 郙閣頌

五十四檻

濫 戶黤切 濫 張壽碑

五十五范

范 防錽切 范 繁陽楊君碑陰 范 張納碑陰 范 劉熊碑陰 范 楊著碑 范 建平郫縣碑

犯 犯 平都侯蔣君碑 犯 祝睦碑

範 範 綏民尉熊君碑 範 逢盛碑 範 太僕荀君碑陰 範 張平子碑

隸韻卷第六終

隸韻卷第七

去聲上

一送　二宋

三用　四絳

五寘　六至

七志　八未

九御　十遇

十一暮　十二霽

十三祭　十四泰

十五卦　十六怪

十七夬　十八隊

十九代　二十廢

二十一震　二十二稕

二十三問

一送

送 蘇弄切　送 費鳳碑陰　送 李翊碑

凍 多貢切　凍 張納功德叙　凍 王純碑　凍 李翕坂碑

棟　棟 郭究碑　棟 譙敏碑

痛 他貢切　痛 鄭固碑　痛 魯峻碑　痛 夏承碑　痛 吳仲山碑　痛 李翊夫人碑

痛 費鳳碑　痛 斥彰長碑

洞 徒弄切 洞 帝堯碑 洞 脩孔廟後碑

慟 慟 侯成碑

梇 盧貢切 梇 益州守無名碑

控 苦貢切 控 魏大饗碑

貢 古送切 貢 郭究碑 貢 鄭固碑 貢 孔宙碑

贛 贛 石經論語

甕 烏貢切 甕 婁壽碑

夢 莫鳳切 夢 老子銘 夢 孫叔敖碑 夢 劉熊碑

賵 撫鳳切 賵 元賓碑 賵 楊震碑

諷 方鳳切 諷 丁魴碑 諷 武榮碑

鳳 馮貢切 鳳 石經論語 鳳 殽阬君碑陰 鳳 史晨祠孔廟銘 鳳 唐公房碑陰 鳳 費鳳碑陰

鳳 樊毅脩華嶽碑 鳳 馮緄碑 鳳 劉熊碑陰

衆 之仲切 衆 石經論語 衆 宗俱碑 衆 孔廟置卒史碑 衆 秦頡碑 衆 桐栢廟碑

衆 魏受禪表

仲 直衆切 仲 石經論語 仲 韓勑碑陰 仲 楊統碑陰 仲 吳仲山碑 仲 華山亭碑

仲 夏承碑 仲 孫根碑 仲 帝堯碑 仲 桐栢廟碑 仲 費汎碑 仲 樊毅脩華嶽碑

二宋

宋 蘇統切 宋 綏民尉熊君碑 宋 劉熊碑陰 宋 張納碑陰 宋 楊震碑陰 宋 繁陽楊君碑陰

綜 子宋切 綜 唐扶頌 綜 桐栢廟碑 綜 袁良碑 綜 綏民尉熊君碑

統 他綜切 統 帝堯碑 統 孫叔敖碑 統 唐扶頌 統 孔彪碑 統 孟郁脩堯廟碑

三用

用 余頌切　用 石經論語　用 楊君斜谷碑　用 何君閣道碑　用 王元賓碑

奉 房用切　奉 劉熊碑陰　奉 鄭固碑　奉 華山亭碑　奉 孟郁脩堯廟碑　奉 唐公房碑

奉 靈臺碑

頌 似用切　頌 綏民尉熊君碑　頌 劉熊碑陰　頌 唐扶頌　頌 桐栢廟碑　頌 楊君斜谷碑

誦　誦 綏民尉熊君碑　誦 丁魴碑　誦 楊君斜谷碑　誦 脩孔廟後碑　誦 樊毅脩華嶽碑

訟　訟 真道冢碑

種 朱用切　種 樊敏碑　種 孟郁脩堯廟碑

重 儲用切　重 石經論語　重 唐扶頌

供 居用切　供 帝堯碑

共 渠用切　共 石經尚書　共 唐扶頌　共 帝堯碑　共 史晨祠孔廟銘　共 逢盛碑

共 鄭固碑

四絳

絳 古巷切　絳 武榮碑　絳 觴豆碑陰　絳 燕然銘

降　降 石經尚書　降 五瑞碑　降 李翕西狹頌　降 孟郁脩堯廟碑　降 孫根碑

降 蔡湛頌　降 樊毅脩華嶽碑　降 華山亭碑　降 靈臺碑

巷 胡降切又作衖　巷 劉寬碑　衖 魯峻碑　巷 平輿令薛君碑

五寘

忮 支義切　忮 唐扶頌

伎　伎 孔廟禮器碑

啻 施智切 啻 穀阬君碑

惴 之瑞切 惴 費鳳碑陰 惴 李翕西狹頌

瑞 樹僞切 瑞 帝堯碑 瑞 樊毅脩華嶽碑 瑞 楊統碑陰 瑞 李翕西狹頌 瑞 魏尊號奏碑

賜 斯義切 賜 石經論語 賜 詔賜功臣家字 賜 孟郁脩堯廟碑 賜 史晨祠孔廟銘 賜 太僕荀君碑

刺 七賜切 刺 孫根碑 刺 王稚子闕碑 刺 中山相薛君碑 刺 陳寔殘碑 刺 劉寬碑陰

智 知義切 智 孔彪碑陰 智 逢盛碑 智 校官碑 智 王純碑

企 去智切 企 魯峻碑 企 楊統碑

戲 香義切 戲 園令趙君碑 戲 魏大饗碑

寄 居義切 寄 劉熊碑陰

騎 奇寄切 騎 楊統碑 騎 魯峻碑 騎 羊竇道碑 騎 史晨饗孔廟碑

義 宜寄切 亦作誼 義 石經論語 義 老子銘 義 穀阬君碑陰 義 孔廟禮器碑 義 楊著碑

義 周憬功勳銘 義 史晨祠孔廟銘 義 衷良碑 義 靈臺碑 義 侯成碑 誼 繁陽楊君碑陰

議 石經公羊 議 戚伯著碑 議 劉寬碑陰 議 校官碑 議 元賓碑

議 衷良碑 議 華山亭碑 議 楊著碑 議 曹騰碑陰 議 孫根碑

僞 危睡切 僞 孫叔敖碑 僞 張表碑 僞 北海相景君碑

避 毗義切 避 石經論語 避 費汎碑 避 孫根碑 避 李翕西坂碑

被 平義切 被 唐公房碑 被 樊毅復民租碑 被 唐扶頌 被 園令趙君碑

六至

至 脂利切 至 石經尚書 至 孔廟禮器碑 至 華山亭碑 至 孫根碑 至 戚伯著碑

至 周憬功勳銘 至 郭輔碑 至 周公禮殿記 至 老子銘 至 唐公房碑 至 綏民尉熊君碑

贄 贄 華山亭碑

視 時利切 視 郭仲奇碑 視 靈臺碑 視 樊毅脩華嶽碑 視 孫叔敖碑陰 視 魯峻碑

視 綏民尉熊君碑 視 張壽碑 視 唐扶頌 視 樊安碑

示 神至切 示 孔宙碑 示 李翕坂碑 示 武榮碑 示 樊安碑 示 夏承碑

示 綏民尉熊君碑

謚 謚 婁壽碑 謚 陳寔殘碑 謚 魯峻碑 謚 馮緄碑 謚 侯成碑

二 而至切 二 石經尚書 二 華山亭碑

貳 亦作弍 貳 楊統碑 貳 費鳳碑 貳 橫海呂將軍碑

帥 所類切 帥 周憬功勳銘 帥 楊統碑 帥 孔宙碑 帥 北海相景君碑

四 息利切 四 石經尚書 四 李翕坂碑 四 馮緄碑 四 北海相景君碑 四 孫叔敖碑

四 郙閣頌 四 高頤碑 四 唐公房碑 四 夏承碑 四 唐扶頌 四 孔廟置卒史碑

肆 肆 石經論語 肆 魏大饗碑 肆 斥彰長碑

泗 泗 劉寬碑 泗 魏脩孔子廟碑

次 七四切 次 石經尚書 次 華山亭碑 次 孫叔敖碑陰 次 張納碑陰 次 衷良碑

次 劉寬碑

自 疾二切 自 石經尚書 自 樊毅脩華嶽碑 自 華山亭碑 自 孔耽碑後字 自 綏民尉熊君碑

自 北海相景君碑 自 唐扶頌

粹 雖遂切 粹 劉脩碑

誶 誶 范式碑

醉 將遂切 醉 魏大饗碑

遂 徐醉切 遂 唐扶頌 遂 孟郁脩堯廟碑 遂 戚伯著碑 遂 樊毅脩華嶽碑 遂 帝堯碑

遂 靈臺碑 遂 唐公房碑 遂 綏民尉熊君碑 遂 張表碑

隧 隧 繁陽令楊君碑

隧 隧 樊安碑 隧 李翕西狹頌 隧 費鳳碑 隧 横海呂將軍碑

襚 襚 劉寬碑

顇 秦醉切 顇 斥彰長碑

瘁 瘁 元賓碑 瘁 費鳳碑

悴 悴 孫根碑

地 徒二切 地 孫根碑 地 唐公房碑 地 高彪碑 地 孫叔敖碑 墬 繁陽令楊君碑

墬 無極山碑 地 真道冢碑

致 陟利切 致 石經論語 致 靈臺碑 致 李翕西狹頌 致 北海相景君碑 致 帝堯碑

致 樊毅脩華嶽碑 致 唐扶頌 致 樊安碑 致 五瑞碑 致 郙閣頌 致 孔宙碑

穉 直利切 亦作稚 穉 劉寬碑陰 穉 孫根碑 稚 楊著碑陰 稚 王稚子闕碑 稚 孫叔敖碑陰

稚 唐扶頌 稚 楊君斜谷碑

治 治 樊毅脩華嶽碑 治 史晨祠孔廟銘 治 王君石路碑 治 北海相景君碑 治 唐扶頌

治 靈臺碑 治 周憬功勳銘 治 何君閣道碑 治 夏承碑 治 綏民尉熊君碑

利 力至切 利 石經論語 利 北海相景君碑 利 孫叔敖碑 利 樊毅復民租碑 利 孟郁脩堯廟碑

利 周憬功勳銘

莅 亦作涖 莅 劉寬碑 莅 孫根碑 涖 劉寬後碑 莅 平輿令薛君碑

類 力遂切 類 魏受禪表 類 繁陽令楊君碑 類 孫叔敖碑 類 孔彪碑 類 高彪碑

類 老子銘

淚 北海相景君碑 孫根碑 費鳳碑陰

棄 磬致切 州輔碑 吳仲山碑 老子銘 鄭令景君闕銘 北海相景君碑

季 居悸切 石經論語 宋恩等題名碑 周公禮殿記 唐扶頌 華山亭碑

季 劉寬碑陰 孔宙碑 殽阬君碑陰 劉熊碑陰 陳球碑陰 綏民尉熊君碑

季 唐公房碑陰 逢盛碑 楊震碑陰 戚伯著碑

器 去冀切 孔廟置卒史碑 樊毅復民租碑 夏承碑 楊統碑 王元賓碑

冀 几利切 張納功德敘 夏承碑 楊淮碑 冀州郭從事碑

覬 樊安碑

驥 孫根碑

[illegible] 孔廟禮器碑

懿 乙冀切 石經尚書 孔宙碑 孟郁脩堯廟碑 夏承碑 李翊碑

懿 魯峻碑 劉熊碑 張納功德敘 孔彪碑 祝睦碑 樊安碑

懿 楊統碑 李翕西狹頌

位 于累切 石經尚書 北海相景君碑 柳敏碑 戚伯著碑 校官碑

位 楊著碑 夏承碑 帝堯碑

匱 求位切 楊君斜谷碑 朱龜碑 張平子碑

痺 毗至切 劉脩碑

寐 蜜二切 李翊夫人碑

秘 兵媚切 靈臺碑 丁魴碑

毖　馮緄碑

轡　周憬功勳銘

濞　匹備切　殽阬君碑

備　平祕切　孔廟置卒史碑　楊統碑　樊安碑　白石神君碑　史晨祠孔廟銘

媚　明祕切　孫根碑　元賓碑

七志

志　職吏切　石經尚書　張表碑　孫根碑　劉脩碑

試　式吏切　石經公羊　孔廟置卒史碑　孔彪碑　費鳳碑陰

熾　昌志切　孫叔敖碑　楊震碑　孟郁脩堯廟碑

幟　魏受禪表

侍　時吏切　孔彪碑　周憬功勳銘　孫根碑　戚伯著碑　王稚子闕碑　樊安碑　張納功德敘　馮緄碑　馮煥神道碑

使　疏吏切　魏尊號奏碑

事　仕吏切　石經尚書　戚伯著碑　孔廟置卒史碑　華山亭碑　鄭固碑　夏承碑　綏民尉熊君碑　劉脩碑　孫根碑　東海廟碑　唐扶頌　史晨祠孔廟銘

寺　祥吏切　楊著碑　周公禮殿記

嗣　石經尚書　唐扶頌　戚伯著碑　樊安碑　李翊碑　帝堯碑　綏民尉熊君碑　孫叔敖碑　孟郁脩堯廟碑　劉寬後碑陰

字　疾置切　蘇衡等題名碑　高頤闕碑　張表碑　唐扶頌　周憬功勳銘

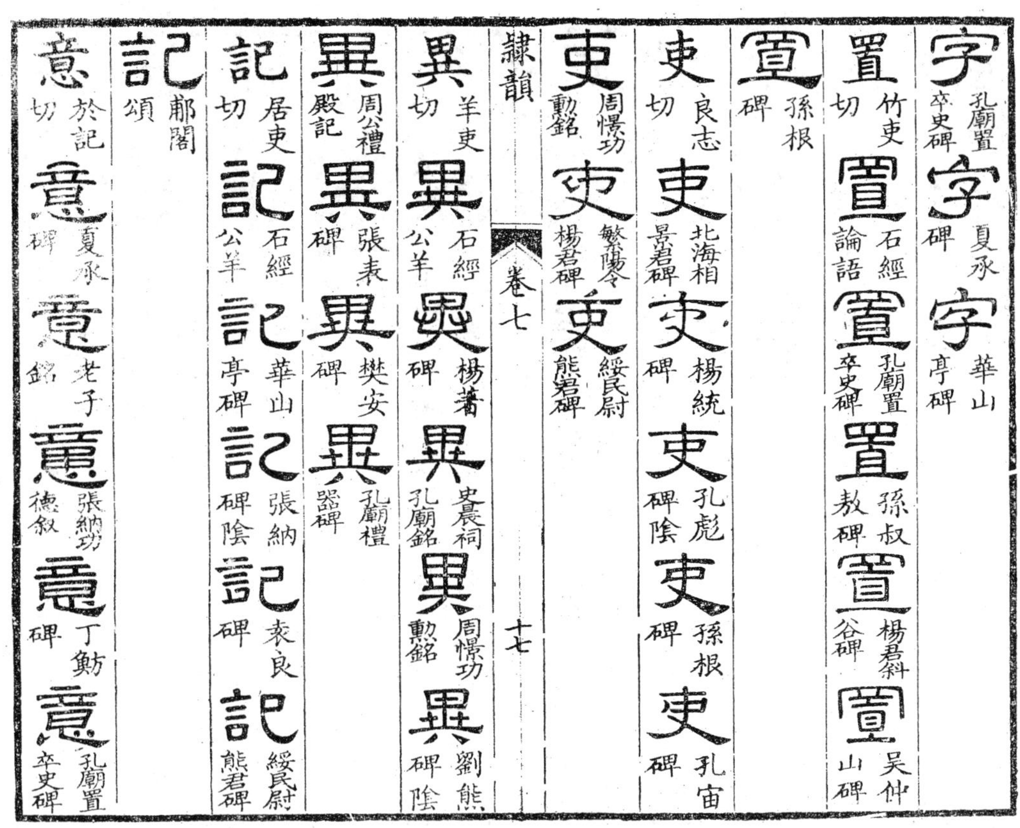

字 孔廟置卒史碑 字 夏承碑 字 華山亭碑

置 竹吏切 置 石經論語 置 孔廟置卒史碑 置 孫叔敖碑 置 楊君斜谷碑 置 吳仲山碑

置 孫根碑

吏 良志切 吏 北海相景君碑 吏 楊統碑 吏 孔彪碑陰 吏 孫根碑 吏 孔宙碑

吏 周憬功勳銘 吏 繁陽令楊君碑 吏 綏民尉熊君碑

異 羊吏切 異 石經公羊 異 楊著碑 異 史晨祠孔廟銘 異 周憬功勳銘 異 劉熊碑陰

異 周公禮殿記 異 張表碑 異 樊安碑 異 孔廟禮器碑

記 居吏切 記 石經公羊 記 華山亭碑 記 張納碑陰 記 衷良碑 記 綏民尉熊君碑

記 郙閣頌

意 於記切 意 夏承碑 意 老子銘 意 張納功德叙 意 丁魴碑 意 孔廟置卒史碑

意 唐公房碑 意 金恭碑 意 孔廟禮器碑

八未

未 無沸切 未 石經公羊 未 楊著碑 未 孫根碑 未 孔宙碑 未 樊毅脩華嶽碑

味 味 孔彪碑 味 周憬功勳銘 味 元賓碑

費 芳未切 費 石經論語 費 樊毅復民租碑

沸 方未切 沸 周憬功勳銘 沸 橫海呂將軍碑

餼 許既切 餼 魏受禪表

氣 丘既切 氣 衡方碑 氣 郭仲奇碑 氣 靈臺碑 氣 朱龜碑 氣 武榮碑

氣 樊毅脩華嶽碑 氣 逢盛碑

既 居氣切 既 石經尚書 既 華山亭碑 既 馮緄碑 既 孔宙碑

暨 其既切 暨 張納功德叙 暨 樊毅脩華嶽碑 暨 張表碑 暨 帝堯碑

毅 魚既切 毅 華山亭碑 毅 孫根碑

謂 于貴切 謂 石經論語 謂 李翕西狹頌

渭 渭 費鳳碑陰

緯 緯 衷良碑 緯 李翊碑 緯 唐扶頌 緯 帝堯碑

諱 許貴切 諱 石經公羊 諱 夏承碑 諱 華山亭碑 諱 李翕西狹頌 諱 孟郁脩堯廟碑

諱 周憬功勳銘 諱 丁魴碑 諱 楊淮碑

貴 歸胃切 貴 樊安碑 貴 婁壽碑 貴 孔宙碑

尉 紆胃切 尉 華山亭碑 尉 羊竇道碑 尉 戚伯著碑 尉 高彪碑 尉 楊著碑

尉 夏承碑 尉 交阯沈君神道 尉 高頤闕碑

慰 慰 楊震碑 慰 張納功德叙 慰 鄭固碑 慰 孔彪碑 慰 劉寬後碑

畏 畏 石經尚書 畏 華山亭碑 畏 魏尊號奏碑 畏 楊統碑 畏 費鳳碑陰

畏 劉熊碑 畏 楊著碑

罻 罻 梁休碑

魏 虞貴切 魏 劉寬碑陰 魏 楊著碑陰

九御

御 牛據切 御 魏尊號奏碑 御 王純碑 御 孫根碑 御 孔彪碑 御 馮緄碑

御 張納功德叙 御 王稚子闕碑 御 帝堯碑 御 橫海呂將軍碑 御 楊淮碑

去 丘據切 去 孔廟置卒史碑 去 樊毅復民租碑 去 王君石路碑 去 孫根碑 去 北海相景君碑

去 李翊碑 去 老子銘 去 魏尊號奏碑 去 衷良碑 去 劉寬後碑 去 楊淮碑

據 居御切 據 殽阬君碑 據 孔彪碑 據 唐扶頌 據 北海相景君碑 據 樊安碑

據 老子銘 據 夏承碑 據 孟郁脩堯廟碑

疏 所據切 疏 桐柏廟碑 疏 州輔碑

助 牀據切 助 唐扶頌 助 繁陽令楊君碑 助 高彪碑

恕 商署切 恕 石經論語 恕 孔宙碑 恕 劉脩碑

庶 庶 石經尚書 庶 楊統碑 庶 夏承碑 庶 郭究碑 庶 柳敏碑

庶 楊著碑

處 昌據切 處 華山亭碑

翥 章庶切 翥 元賓碑

著 陟慮切 著 北海相景君碑 著 史晨祠孔廟銘 著 張納功德叙 著 夏承碑 著 鄭固碑

著 戚伯著碑 著 楊震碑 著 侯成碑 著 靈臺碑 著 孟郁脩堯廟碑

慮 良據切 慮 周公禮殿記 慮 劉寬碑陰 慮 費汎碑

豫 羊茹切 豫 劉熊碑 豫 陳寔殘碑 豫 楊君斜谷碑 豫 元賓碑 豫 唐扶頌

豫 吳仲山碑 豫 馮煥神道碑 豫 校官碑

譽 譽 孫根碑 譽 唐公房碑 譽 孔宙碑 譽 唐扶頌

舉 舉 北海相景君碑

十遇

遇 元具切 遇 督郵班碑 遇 戚伯著碑 遇 是邦雄桀碑 遇 衷良碑

句 俱遇切 句 石經魯詩 句 劉寬碑陰

懼 衢遇切 懼 石經尚書 懼 孔彪碑

具 具孟郁脩堯廟碑 具史晨祠孔廟銘
裕 俞戌切 裕魏尊號奏碑 裕孟郁脩堯廟碑 裕劉寬後碑
喻 喻魏受禪表 喻賜馮煥詔 喻老子銘
赴 芳遇切 赴石經公羊 赴武梁畫像碑 赴繁陽令楊君碑 赴孫根碑 赴周憬功勳銘
赴帝堯碑

付 芳遇切 付石經尚書
傅 傅石經公羊 傅劉寬碑陰 傅夏承碑 傅魏受禪表 傅史晨祠孔廟銘
賦 賦樊毅復民租碑 賦張納功德敘
附 符遇切 附李翊夫人碑 附繁陽令楊君碑 附樊敏碑 附曹騰碑陰 附綏民尉熊君碑
賻 賻楊震碑 賻元賓碑

務 云遇切 務孟郁脩堯廟碑 務吳仲山碑 務魏尊號奏碑 務樊敏碑
霧 霧魏脩孔子廟碑
娶 逡遇切 娶吳仲山碑
趣 趣史晨祠孔廟銘 趣華山亭碑
聚 從遇切 聚孫叔敖碑

戍 春遇切 戍魏受禪表
注 朱戍切 注孟郁脩堯廟碑 注孔廟禮器碑 注孔耽碑後字 注楊君斜谷碑 注楊淮碑
數 雙遇切 數樊毅脩華嶽碑 數孫叔敖碑 數李翕西狹頌 數郙閣頌 數靈臺碑
數白石神君碑 數馮緄碑
駐 株遇切 駐孟郁脩堯廟碑 駐李翕西狹頌

屢 能遇切 屢 孔宙碑 屢 李翕西狹頌 屢 劉熊碑

十一暮

慕 莫故切 慕 綏民尉熊君碑 慕 楊統碑 慕 唐扶頌 慕 張納功德叙 慕 北海相景君碑

慕 劉寬後碑 慕 劉熊碑 慕 李翊碑 慕 桐栢廟碑 慕 孫叔敖碑 慕 夏承碑

墓 墓 劉脩碑 墓 孫根碑 墓 陳寔殘碑 墓 郭輔碑

募 募 孟郁脩堯廟碑

怖 普故切 怖 劉曜碑 怖 史晨祠孔廟銘 怖 張納功德叙

布 博故切 布 周公禮殿記 布 北海相景君碑 布 蔡湛頌 布 馮緄碑 布 華山亭碑

布 楊著碑 布 孫叔敖碑 布 吳仲山碑 布 婁壽碑 布 楊震碑 布 張納功德叙

布 郙閣頌

捬 捬 唐扶頌

步 蒲故切 步 高彪碑 步 楊著碑 步 魏上尊號奏碑 步 帝堯碑 步 孫叔敖碑

捕 捕 益州守城埧碑

哺 哺 武梁畫像碑

素 蘇故切 素 孫叔敖碑陰 素 馬江碑 素 唐扶頌 素 張納功德叙 素 柳敏碑

素 史晨祠孔廟銘 素 華山亭碑 素 侯成碑 素 孔彪碑

訴 亦作愬 訴 鄭固碑 愬 益州守無名碑

泝 亦作遡 泝 張納功德叙 遡 益州守城埧碑

措 倉故切 措 逢盛碑 措 費鳳碑 措 戚伯著碑

錯 錯 樊敏碑

祚 存故切 四老神祚机碑 張納碑陰 靈臺碑 孟郁脩堯廟碑 樊毅脩華嶽碑

祚 李翊碑 華山亭碑

阼 劉寬後碑

胙 曹騰碑陰 老子銘

兔 土故切亦作菟 菟 靈臺碑 魏尊號奏碑 魏大饗碑 唐扶頌

度 徒故切 帝堯碑 吳仲山碑 楊君斜谷碑 周公禮殿記 華山亭碑

度 費鳳碑陰 張表碑 靈臺碑 陳度碑 孟郁脩堯廟碑

渡 魏尊號奏碑 老子銘

路 魯故切 石經論語 孫根碑 楊君斜谷碑 周憬功勳銘 衷良碑

路 劉寬碑陰 孔彪碑 夏承碑 北海相景君碑 王君石路碑 綏民尉熊君碑

露 李翕西狹頌 五瑞碑

怒 奴故切 唐公房碑 周憬功勳銘 華山亭碑

護 胡故切 孟郁脩堯廟碑 劉熊碑陰

庫 苦故切 劉寬碑陰

顧 古慕切亦作顧 劉寬碑 樊敏碑 華山亭碑 馬江碑 婁壽碑

故 石經公羊 龐公神道 孔廟置卒史碑 華山亭碑 馮煥神道碑

故 司馬孟臺神道 江原長進德碣 周憬功勳銘 王稚子闕碑 高頤闕碑 羊竇道碑

故 夏承碑 孔耽碑後字

固 樊安碑 老子銘 華山亭碑

錮 鄭固碑

汙 烏故切 亦作洿 汙 孫叔敖碑 汙 孔廟禮器碑 汙 綏民尉熊君碑 汙 堯廟碑陰 洿 尉氏令鄭君碑

悟 五故切 悟 費鳳碑陰 悟 孫叔敖碑

寤 寤 北海相景君碑 寤 華山亭碑 寤 逢盛碑 寤 衷良碑 寤 楊震碑

十二霽

濟 子計切 濟 樊毅脩華嶽碑 濟 元賓碑 濟 辛李君造橋碑

隮 隮 周憬功勳銘

細 思計切 細 周憬功勳銘 細 魯峻碑

壻 壻 唐公房碑

閉 必計切 閉 魯峻碑 閉 王純碑

帝 丁計切 帝 石經尚書 帝 孟郁脩堯廟碑 帝 楊著碑 帝 高頤碑 帝 華山亭碑

帝 劉熊碑 帝 繁陽令楊君碑 帝 真道冢碑

替 他計切 替 楊震碑 替 范鎮碑 替 周憬功勳銘 替 魏石經左傳

涕 涕 楊統碑 涕 費鳳碑 涕 唐扶頌 涕 楊著碑 涕 北海相景君碑

涕 劉寬後碑 涕 孫根碑 涕 冀州郭從事碑

第 大計切 第 孔廟置卒史碑 第 范式碑

悌 悌 魏受禪表 悌 樊毅脩華嶽碑

弟 弟 戚伯著碑 弟 夏承碑 弟 唐扶頌 弟 張僧伯穿中記 弟 景君碑陰

弟 吴仲山碑 弟 綏民尉熊君碑 弟 韓勑碑陰 弟 費鳳碑

麗 郎計切 麗 賜馮煥詔 麗 楊君斜谷碑 麗 大鄉記殘碑

隸 亦作𨽿 隸 劉寬碑 隸 夏承碑 隸 郭仲奇碑 隸 王純碑 隸 楊君斜谷碑

隸 魏大饗碑

儷 儷 宗俱碑

戾 戾 逢盛碑 戾 朱龜碑

泥 乃計切 泥 無極山碑

系 胡計切 系 孫根碑 系 張平子碑 系 張表碑 系 夏堪碑

契 詰計切 契 張平子碑

計 吉詣切 計 夏承碑 計 老子銘 計 周憬功勳銘 計 大僕荀君碑

繫 繫 孔彪碑 繫 魏上尊號奏碑

繼 繼 唐扶頌 繼 李翊碑 繼 陳球後碑 繼 劉熊碑 繼 李翊夫人碑

𢇍 帝堯碑 繼 楊君斜谷碑 繼 靈臺碑 繼 袁良碑 繼 武梁畫像碑 繼 李翕西狹頌

繼 楊著碑

翳 壹計切 翳 苑鎮碑 翳 繁陽令楊君碑 翳 馬江碑

殪 殪 張納功德敘

詣 研計切 詣 孟郁脩堯廟碑 詣 斥彰長碑 詣 斜谷典匠題名

惠 胡桂切 惠 石經尚書 惠 逢盛碑 惠 楊著碑 惠 樊毅脩華嶽碑 惠 李翊夫人碑

惠 樊毅復民租碑 惠 李翕西坂碑 惠 綏民尉熊君碑 惠 靈臺碑陰 惠 魯峻碑 惠 北海相景君碑

惠 劉脩碑

十三祭

祭 子例切 祭 石經論語 祭 華山廟碑

際 際 史晨祠孔廟銘 際 袁良碑 際 靈臺碑 際 周公禮殿記 際 郭仲奇碑

歲 須銳切　歲 石經魯詩　歲 劉熊碑　歲 戚伯著碑　歲 張壽碑　歲 華山亭碑

歲 吳仲山碑　歲 侯成碑　歲 靈臺碑　歲 斥彰長碑

彗 旋芮切　彗 樊毅脩華嶽碑　彗 燕然銘

世 始制切　世 石經尚書　世 逢盛碑　世 楊著碑　世 綏民尉熊君碑　世 樊毅脩華嶽碑

世 王君石路碑　世 唐扶頌　世 周憬功勳銘　世 孫叔敖碑　世 鄭固碑　世 老子銘

世 吳仲山碑　世 孔宙碑　世 羊竇道碑　世 楊震碑陰　世 孔廟禮器碑　世 楊統碑陰

世 楊信碑　世 夏承碑　世 富春丞張君碑　世 孔廟置卒史碑

貰　貰 馮緄碑

勢 亦作埶　勢 雍勸闕碑　埶 老子銘　勢 郭輔碑

制 征例切　制 石經公羊　制 孔廟置卒史碑　制 曹騰碑陰　制 孔廟禮器碑　制 史晨祠孔廟銘

制 校官碑　制 靈臺碑　制 楊著碑

逝 時制切　逝 繁陽令楊君碑　逝 周憬功勳銘　逝 孔彪碑　逝 李翊碑　逝 桐栢廟碑

税 輸芮切　税 劉熊碑

蛻　蛻 老子銘

蜹 儒税切　蜹 唐公房碑

滯 直例切　滯 魏受禪表　滯 老子銘　滯 費鳳碑

厲 力制切　厲 劉寬碑　厲 衣良碑　厲 元賓碑　厲 帝堯碑　厲 劉熊碑

厲 楊君斜谷碑　厲 校官碑

癘　癘 唐公房碑

綴 株衛切　綴 史晨祠孔廟銘

裔 以制切 裔 帝堯碑 裔 郭輔碑 裔 蔡湛頌 裔 孫根碑

叡 俞芮切 叡 侯成碑 叡 孫根碑 叡 元賓碑 叡 劉熊碑 叡 孔彪碑 叡 魯峻碑 叡 鄭烈碑

銳 銳 魏大饗碑 銳 樊毅脩華嶽碑

藝 倪祭切亦作埶 藝 張表碑 藝 孫根碑 藝 丁魴碑 藝 夏承碑 藝 孟郁脩堯廟碑

埶 孔廟置卒史碑 埶 王元賓碑

蔽 必袂切 蔽 石經論語 蔽 周憬功勳銘 蔽 魏大饗碑

敝 毗祭切 敝 史晨祠孔廟銘

幣 幣 孫叔敖碑 幣 孔宙碑 幣 楊君斜谷碑 幣 靈臺碑

斃 斃 范式碑

弊 弊 殺阬君碑

衛 于歲切 衛 劉熊碑陰 衛 李翕西狹頌 衛 靈臺碑 衛 劉曜碑 衛 北海相景君碑 衛 史晨祠孔廟銘 衛 李翊碑

十四泰

泰 佗蓋切 泰 石經公羊 泰 韓勑碑陰 泰 孔宙碑 泰 孔從事碑

太 太 大饗記殘碑 太 衡方碑 太 戚伯著碑 太 孫根碑 太 劉寬神道碑

汰 汰 李翕坂碑

帶 當蓋切 帶 柳敏碑 帶 楊著碑 帶 孔彪碑

大 徒蓋切 大 石經儀禮 大 繁陽令楊君碑 大 袁良碑 大 魏尊號奏碑 大 夏承碑

賴 落蓋切 賴 孟郁脩堯廟碑 賴 靈臺碑 賴 李翕坂碑 賴 樊安碑 賴 李翕西狹頌

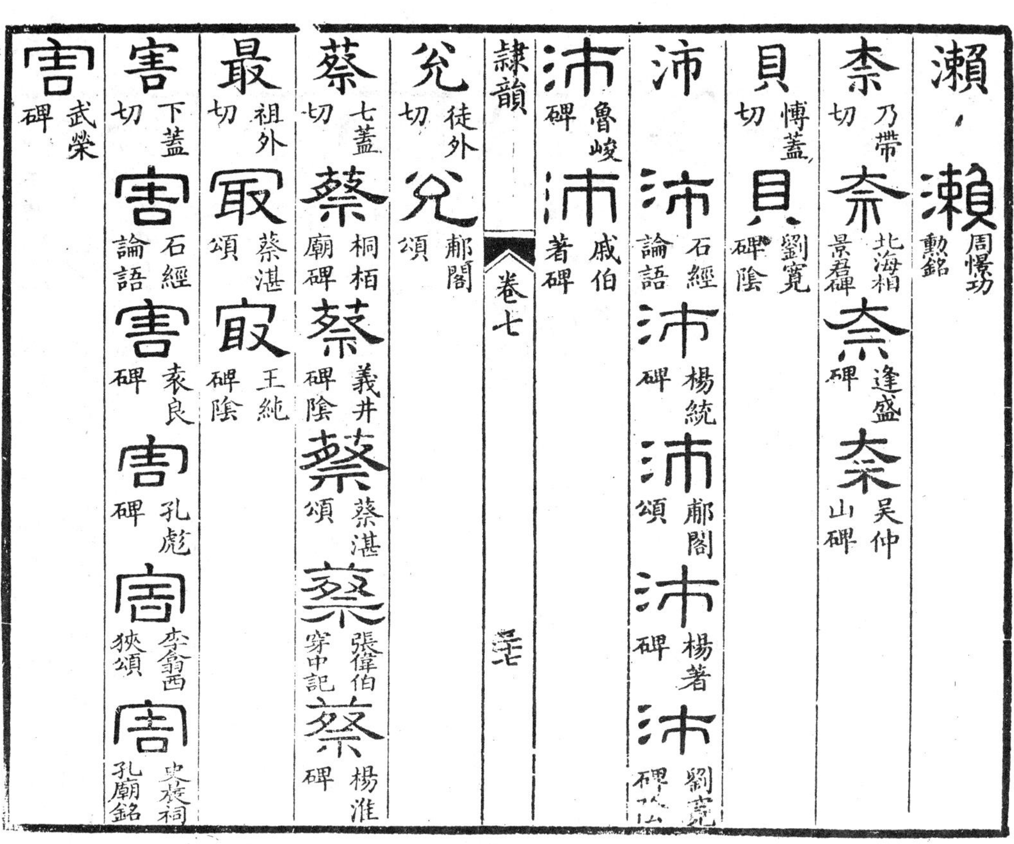
瀨 瀨周憬功勳銘
柰乃帶切 柰北海相景君碑 柰逢盛碑 柰吳仲山碑
貝博蓋切 貝劉寬碑陰
沛 沛石經論語 沛楊統碑 沛郙閣頌 沛楊著碑 沛劉寬碑陰
沛魯峻碑 沛戚伯著碑

兌徒外切 兌郙閣頌
蔡七蓋切 蔡桐栢廟碑 蔡義井碑陰 蔡蔡湛頌 蔡張偉伯穿中記 蔡楊淮碑
最祖外切 最蔡湛頌 最王純碑陰
害下蓋切 害石經論語 害袁良碑 害孔彪碑 害李翕西狹頌 害史晨祠孔廟銘
害武榮碑

蓋居太切 蓋石經論語 蓋費鳳碑陰 蓋唐扶頌 蓋靈臺碑 蓋周憬功勳銘
藹於蓋切 藹婁壽碑 藹樊安碑 藹周憬功勳銘
艾牛蓋切 艾石經尚書 艾馮緄碑 艾費鳳碑陰 艾樊毅脩華嶽碑 艾孟郁脩堯廟碑
艾秦頡碑 艾觴豆碑陰
會黃外切 會石經尚書 會袁良碑 會侯成碑 會劉寬碑 會司馬季德碑

會費鳳碑陰 會繁陽令楊君碑
檜古外切 檜校官碑
澮 澮周憬功勳銘
會 會許或夫人碑
濊烏外切 濊袁良碑

外 五會切 外 石經公羊 外 華山亭碑 外 魯峻碑 外 孔彪碑陰 外 樊毅脩華嶽碑

外 柳敏碑 外 李翕西狹頌 外 靈臺碑

十五卦

卦 古賣切 卦 樊毅脩華嶽碑 卦 孔廟禮器碑

畫 胡卦切 畫 張平子碑

懈 居隘切 懈 張納功德敘

邂 下懈切 邂 吳仲山碑

解 解 楊震碑陰 解 劉熊碑陰

賣 莫懈切 賣 孫叔敖碑

隘 烏懈切 隘 梁休碑

十六怪

恠 古瞶切 恠 魏大饗碑 恠 樊毅脩華嶽碑

蕢 苦怪切 蕢 祝睦後碑

戒 居拜切 戒 劉寬碑陰 戒 楊君斜谷碑 戒 袁良碑 戒 孔廟置卒史碑

誡 誡 逢盛碑

介 不 孫根碑 不 苑鎮碑 不 吳仲山碑 不 唐公房碑陰 不 侯成碑

价 价 楊統碑

界 果 唐扶頌 果 無極山碑

壞 胡怪切 壞 王君石路碑

械 下戒切 械 魏受禪表

薤 薤 逢盛碑陰

拜 布怪切 拜 石經儀禮 拜 張納功德叙 拜 史晨祠孔廟銘 拜 楊著碑 拜 周憬功勳銘

拜 馮緄碑 拜 祝睦後碑

瘵 側界切 瘵 仲秋下旬碑

十七夬

敗 薄邁切 敗 石經公羊 敗 孔廟禮器碑 敗 魏石經左傳

邁 莫敗切 邁 朱龜碑 邁 魏大饗碑 邁 衷良碑 邁 苑鎮碑 邁 孔彪碑

蠆 丑邁切 蠆 李翊夫人碑

十八隊

隊 徒對切 隊 朱龜碑

對 都内切 對 石經論語 對 孫叔敖碑 對 繁陽令楊君碑 對 張表碑

退 吐内切亦作退 退 孔寘碑 退 鄭固碑 退 綏民校尉熊君碑 退 王純碑 退 費鳳碑

退 夏承碑 退 劉寬碑 退 繁陽令楊君碑 退 祝睦碑

耒 盧對切 耒 北海相景君碑 耒 費鳳碑陰

内 奴對切 内 石經論語 内 張偉伯穿中記 内 孟郁脩堯廟碑 内 王稚子闕碑 内 陳球碑陰

内 魯峻碑

背 補妹切 背 老子銘

配 滂佩切 配 鄭固碑 配 陳寔殘碑 配 樊毅脩華嶽碑

佩 蒲昧切亦作珮 佩 衷良碑 珮 楊統碑陰

妹 莫佩切 妹 王純碑

昧 昧 繁陽令楊君碑

碎 蘇對切 碎 徐氏紀產碑

潰 胡對切 潰 李翕坂碑 潰 魏大饗碑

匯 匯 唐扶頌

誨 呼內切 誨 繁陽令楊君碑 誨 孟郁脩堯廟碑 誨 劉熊碑 誨 孫根碑

晦 晦 侯鉦銘字

塊 苦潰切 塊 帝堯碑

十九代

代 徒耐切 代 魏尊號奏碑 代 逢盛碑 代 費鳳碑陰 代 魏受禪表 代 孫叔敖碑 代 史晨祠孔廟銘

岱 岱 劉衡碑 岱 唐扶頌 岱 唐公房碑陰 岱 張納碑陰

貸 他代切 貸 孫叔敖碑 貸 吳仲山碑

態 態 武梁畫像碑

戴 丁代切 戴 劉熊碑陰 戴 楊統碑

塞 先代切 塞 靈臺碑 塞 無極山碑 塞 橫海呂將軍碑

再 作代切 再 張公神碑 再 魏受禪表 再 蔡湛頌

載 載 郙閣頌

菜 倉代切 菜 吳仲山碑 菜 婁壽碑

在 昨代切 在 石經論語 在 五瑞碑 在 夏承碑 在 景君碑陰 在 東海廟碑 在 吳仲山碑 在 蔡湛頌 在 綏民尉熊君碑 在 華山亭碑 在 帝堯碑 在 孔耽神祠碑

在 祝睦碑
慨 口溉切 慨 費鳳碑陰 慨 樊安碑 慨 孫叔敖碑 慨 婁壽碑 慨 魏脩孔子廟碑
慨 孫根碑
溉 居代切 溉 丁魴碑 溉 孫叔敖碑
愛 於代切 愛 石經論語 愛 曹騰碑陰 愛 費鳳碑 愛 楊統碑 愛 夏承碑

愛 孫根碑 愛 楊著碑 愛 綏民校尉熊君碑 愛 堯廟碑側
僾 僾 史晨饗孔廟碑
导 牛代切 导 楊君斜谷碑

二十廢

廢 放吠切 廢 石經論語 廢 楊君斜谷碑 廢 魏受禪表 廢 靈臺碑 廢 孫叔敖碑陰

癈 癈 綏民校尉熊君碑
乂 魚肺切 乂 袁良碑 乂 劉寬後碑 乂 鄭烈碑
刈 刈 校官碑
穢 烏廢切 穢 橫海呂將軍碑 穢 樊敏碑 穢 蔡湛頌 穢 魯峻碑
濊 濊 樊毅脩華嶽碑

喙 許穢切 喙 三公山碑

二十一震

震 之刃切 震 劉熊碑 震 殽阬君碑
振 振 繁陽令楊君碑 振 馮緄碑 振 袁良碑 振 唐扶頌
刃 而振切 刃 橫海呂將軍碑

仞 仞三公山碑 仞樊毅脩華嶽碑

軔 軔繁陽令楊君碑

鬢必刃切 鬢平輿令薛君碑

殯 殯曹騰碑陰 殯孫根碑

信思晉切 信石經論語 信北海相景君碑 信郯令景君闕銘 信劉熊碑陰 信周憬功勳銘

訊 訊校官碑

晉即刃切 晉劉寬碑陰 晉樊敏碑 晉馮緄碑 晉苑鎮碑 晉老子銘

縉 縉王純碑 縉楊著碑

進 進夏承碑 進劉熊碑 進戚伯著碑 進吳仲山碑 進唐公房碑

進華山亭碑 進江原長進德碣 進逢盛碑 進桐柏廟碑 進孔從事碑

齔初覲切 齔祝睦後碑

鎮陟刃切 鎮張納功德敘 鎮華山亭碑 鎮李翊碑 鎮劉寬碑 鎮鄭烈碑

疢丑刃切 疢高彪碑

鄰良刃切 鄰州輔碑

藺 藺費鳳碑陰

印於刃切 印樊安碑 印夏承碑 印衷良碑 印堯廟碑陰

釁許覲切 釁魏大饗碑

覲渠吝切 覲平都侯蔣君碑 覲繁陽令楊君碑

瑾 瑾李翕西狹頌

憖魚僅切 憖楊著碑 憖平輿令薛君碑

二十二稕

舜 輸閏切 舜 帝堯碑 舜 宋恩等題名碑 舜 魏元丕碑 舜 衷良碑 舜 郙閣頌

舜 費鳳碑 舜 樊毅脩華嶽碑 舜 婁壽碑

順 食問切 順 劉寬碑陰 順 楊君斜谷碑 順 周憬功勳銘 順 楊統碑 順 樊毅脩華嶽碑

順 楊著碑 順 中部碑 順 夏堪碑

潤 儒順切 潤 張納功德敘 潤 樊毅脩華嶽碑 潤 魯峻碑 潤 唐公房碑 潤 費鳳碑

峻 須閏切 峻 魯峻碑 峻 樊安碑 峻 華山廟碑 峻 桐柏廟碑

浚 浚 劉熊碑陰 浚 孔廟後碑題名

鵔 鵔 費鳳碑陰

俊 祖峻切 俊 張納功德敘 俊 楊統碑陰 俊 郙閣頌

晙 晙 孔宙碑 晙 太僕荀君碑

駿 駿 徐氏紀產碑 駿 羊竇道碑 駿 觴豆碑陰

二十三問

問 文運切 問 石經論語 問 馮緄碑 問 夏承碑 問 孫叔敖碑陰 問 張納功德敘

奮 方問切 奮 王純碑

訓 吁運切 訓 石經尚書 訓 帝堯碑 訓 校官碑 訓 孔宙碑 訓 周憬功勳銘

訓 張納碑陰 訓 殽阬君碑陰

郡 具運切 郡 周憬功勳銘 郡 孔耽碑後字 郡 孔謙碣 郡 何君閣道碑 郡 劉寬碑陰

郡 高彪碑 郡 北海相景君碑 郡 蘇衡等題名碑 郡 江原長進德碣 郡 夏承碑 郡 華山亭碑

郡 綏民尉熊君碑 郡 是邦雄碑 郡 堯廟碑陰

慍 於問切 慍 張納碑陰

緼 緼 朱龜碑

運 王問切 運 樊毅脩華嶽碑 運 衷良碑 運 靈臺碑 運 繁陽令楊君碑

分 扶問切 分 義井碑陰

隸韻卷第七終

隸韻卷第八

去聲下

二十四焮　二十五願

二十六慁　二十七恨

二十八翰　二十九換

三十諫　三十一襇

三十二霰　三十三線

三十四嘯　三十五笑

三十六效　三十七號

三十八箇　三十九過

四十禡　四十一漾

四十二宕　四十三映

四十四諍　四十五勁

四十六徑　四十七證

四十八嶝　四十九宥

五十候　五十一幼

五十二沁　五十三勘

五十四闞　五十五豔

五十六㮇　五十七釅

五十八陷　五十九鑑

六十梵

二十四焮

靳 居焮切 靳 孔宙碑陰 靳 王純碑陰

近 巨靳切 近 石經尚書 近 樊安碑 近 戚伯著碑 近 北海相景君碑

二十五願

願 虞怨切 願 張平子碑 願 夏承碑 願 唐公房碑 願 楊統碑

劵 區願切 劵 魏元丕碑

勸 勸 帝堯碑 勸 孟郁脩堯廟碑 勸 劉熊碑 勸 雍勸闕碑 勸 曹騰碑陰

怨 紆願切 怨 石經論語 怨 高彪碑 怨 張納功德敘

獻 許建切 獻 孟郁脩堯廟碑 獻 張納功德敘 獻 費鳳碑陰 獻 張納碑陰

憲 憲 劉寬碑陰 憲 夏承碑 憲 韓勑碑陰 憲 孫根碑 憲 劉熊碑

憲 孔廟置卒史碑 憲 周憬功勳銘 憲 靈臺碑 憲 堯廟碑側

建 居萬切 建 石經尚書 建 劉君閣道題字 建 夏承碑 建 何君閣道碑 建 周公禮殿記

建 北海相景君碑 建 周憬功勳銘 建 王君石路碑 建 銅臺瓦銘

郾 於建切 郾 劉寬碑陰

飯 扶萬切 飯 衷良碑

萬 無販切亦作万 萬 石經論語 萬 靈臺碑 萬 大饗記殘碑 萬 華山亭碑 萬 樊毅脩華嶽碑

萬 馮緄碑 萬 李翕坂碑 萬 羊竇道碑 萬 繁陽令楊君碑 萬 孟郁脩堯廟碑 萬 張表碑

萬 周憬功勳銘 万 建平郫縣碑 萬 鄭三益碑

曼 曼 叙阮君碑陰 曼 孔彪碑 曼 中部碑

蔓 孟郁脩堯廟碑 校官碑

二十六慁

溷 胡困切 孫叔敖碑

困 苦悶切 北海相景君碑 孫叔敖碑 孔宙碑 周憬功勳銘 李翕西狹頌

悶 莫困切 婁壽碑 鄭烈碑

巽 蘇困切 桐柏廟碑

遜 馮緄碑 劉脩碑 魯峻碑

頓 都困切 樊安碑 魯峻碑 華山廟碑 史晨祠孔廟銘 華山亭碑

遯 徒困切亦作遁 張納功德叙 老子銘 鄭固碑 婁壽碑

二十七恨

恨 下艮切 平都侯蔣君碑 孫叔敖碑

艮 古恨切 三公山碑

二十八翰

翰 侯旰切 元賓碑 劉寬碑陰 孔彪碑

旱 無極山碑

捍 亦作扞 賜馮煥詔 富春丞張君碑

漢 虛汗切 帝堯碑 龐公神道 綏民尉熊君碑 蔡湛頌 緜竹王君神道

漢 劉寬碑陰 景君碑陰 王稚子闕碑

幹 李翊碑 楊著碑

榦 北海相景君碑 張納功德叙

按 於旰切
按 衡方碑

案
案 靈臺碑
案 張納碑陰
案 作彰長碑
案 魯峻碑
案 史晨祠孔廟銘

案 華山廟碑
案 孔廟置卒史碑

岸 魚旰切
岸 周憬功勳銘

犴
犴 張納功德叙

贊 則旰切
贊 張平子碑
贊 楊統碑陰
贊 馬江碑

讚
讚 張表碑
讚 孔廟置卒史碑
讚 孔彪碑
讚 繁陽楊君碑陰
讚 唐扶頌

瓚 才贊切
瓚 劉寬碑陰

炭 他案切
炭 孫叔敖碑
炭 周公禮殿記

歎
歎 樊安碑
歎 綏民尉熊君碑
嘆 孔廟禮器碑
歎 李翊夫人碑
歎 唐扶頌

嘆 史晨祠孔廟銘
嘆 楊君斜谷碑

爛 郎旰切
爛 元賓碑

難 乃旦切
難 李翕坂碑

旦 得案切
旦 石經尚書
旦 校官碑
旦 應州題名碑
旦 帝堯碑
旦 孫叔敖碑

散 先旰切
散 孟郁脩堯廟碑

二十九換

換 胡玩切
換 孫根碑
換 楊統碑
換 唐扶頌

奐 呼玩切
奐 王純碑
奐 孫根碑

煥
煥 史晨祠孔廟銘
煥 孟郁脩堯廟碑
煥 祝睦後碑
煥 張表碑

渙
渙 朱龜碑
渙 戚伯著碑
渙 劉熊碑

喚 喚魯峻碑

貫 古玩切 貫樊敏碑 貫綏民尉熊君碑 貫靈臺碑 貫周憬功勳銘

冠 冠周公禮殿記 冠孫叔敖碑

灌 灌丁魴碑 灌魯峻碑 灌孫叔敖碑

盥 盥石經儀禮

玩 五換切 玩祝睦後碑 玩周憬功勳銘

判 普半切 判樊毅脩華嶽碑

泮 泮魏脩孔子廟碑 泮劉熊碑 泮校官碑

畔 薄半切 畔孔宙碑 畔張表碑 畔樊安碑 畔陳球後碑 畔孔廟禮器碑

畔周公禮殿記

叛 叛横海呂將軍碑

幔 莫半切 幔周公禮殿記

漫 漫柳敏碑 漫孔彪碑

筭 蘇貫切 筭張平子碑 筭魏大饗碑 筭綏民尉熊君碑 筭樊毅復民租碑

竄 取亂切 竄魏大饗碑 竄張納功德叙

鑽 祖筭切 鑽周憬功勳銘

斷 都玩切 斷華山亭碑 斷楊君斜谷碑 斷魯峻碑

段 徒玩切 段孫叔敖碑 段劉寬後碑 段繁陽楊君碑陰 段觴豆碑陰

亂 盧玩切 亂石經尚書 亂孔廟禮器碑 亂孫根碑 亂周公禮殿記 亂柳敏碑

亂老子銘 亂馮緄碑

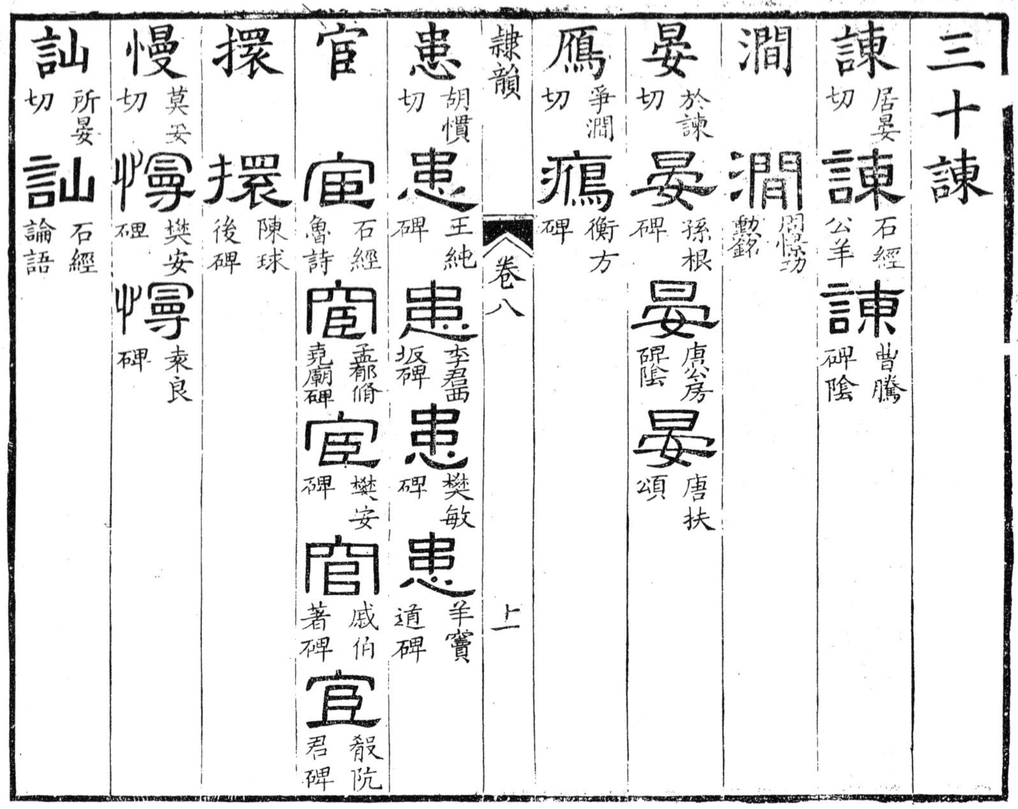

三十諫

諫 居晏切 諫 石經公羊 諫 曹騰碑陰

澗 澗 周憬功勳銘

晏 於諫切 晏 孫根碑 晏 虞公房碑陰 晏 唐扶頌

鴈 爭澗切 鴈 衡方碑

患 胡慣切 患 王純碑 患 李翕坂碑 患 樊敏碑 患 羊竇道碑

宦 石經魯詩 宦 孟郁脩堯廟碑 宦 樊安碑 宦 戚伯著碑 宦 殽阬君碑

擐 擐 陳球後碑

慢 莫晏切 慢 樊安碑 慢 衷良碑

訕 所晏切 訕 石經論語

棧 助諫切 棧 辛李君造橋碑

三十一襇

辨 皮莧切 辨 魏大饗碑

盼 匹莧切 盼 張平子碑

三十二霰

薦 作甸切 薦 孔彪碑 薦 費鳳碑 薦 靈臺碑

殿 下練切 殿 周公禮殿記 殿 吳仲山碑 殿 魏尊號奏碑

電 堂練切 電 魏大饗碑 電 郭仲奇碑 電 周憬功勳銘

奠 奠 樊毅脩華嶽碑 奠 太僕荀君碑

甸 甸 費鳳碑

練 郎甸切 練 唐扶頌 練 袁良碑 練 劉熊碑

見 形甸切 見 石經魯詩 見 [illegible]景君闕銘 見 孫根碑 見 綏民尉熊君碑

宴 伊甸切 宴 華山亭碑 宴 袁良碑

燕 燕 唐公房碑

縣 熒絹切 縣 華山亭碑 縣 吳仲山碑 縣 張壽碑 縣 孟郁脩堯廟碑 縣 無極山碑

縣 縣 老子銘 縣 孔宙碑 縣 孔耽碑 縣 後碑 縣 王稚子闕碑 縣 堯廟碑陰

偏 卑見切 徧 魏受禪表 徧 華山廟碑

三十三線

羨 似面切 羨 魏脩孔子廟碑 羨 老子銘 羨 圉令趙君碑 羨 綏民尉熊君碑

賤 才線切 賤 婁壽碑

旋 隨戀切 旋 周公禮殿記 旋 周憬功勳銘

戰 之膳切 戰 樊安碑 戰 李翕坂碑 戰 周公禮殿記 戰 楊統碑

繕 時戰切 繕 唐公房碑 繕 華山亭碑 繕 樊毅復民租碑 繕 孟郁脩堯廟碑

膳 膳 橫海呂將軍碑

擅 擅 孔廟置卒史碑

禪 禪 帝堯碑 禪 唐扶頌

墠 墠 孟郁脩堯廟碑 墠 帝堯碑 墠 范式碑

轉 株戀切 轉 侯成碑

戀 龍眷切 戀 唐扶頌 戀 維勸闕碑

譴 詰戰切 譴 靈臺碑

掾 俞絹切 掾 楊著碑 掾 李翕𨹧碑 掾 孔廟置卒史碑 掾 何君閣道碑 掾 華山亭碑

掾 逢盛碑 掾 建平郫縣碑

彥 魚戰切 彥 郭仲奇碑 彥 劉熊碑陰 彥 楊震碑陰 彥 郙閣碑陰 彥 北海相景君碑

諺 諺 無名碑陰題名

援 于眷切 援 州輔碑

媛 媛 樊安碑

睠 古倦切 睠 馬江碑

眷 眷 劉熊碑

倦 逵眷切 倦 劉寬碑 倦 孟郁脩堯廟碑

便 毗面切 便 孟郁脩堯廟碑

面 彌箭切 面 石經尚書 面 李翕西狹頌

變 彼眷切 變 石經尚書 變 周公禮殿記 變 費汎碑 變 史晨祠孔廟銘 變 靈臺碑

變 楊統碑

卞 皮變切 卞 孔廟置卒史碑 卞 楊淮碑 卞 景君碑陰

三十四嘯

嘯 蘇弔切 嘯 蔡湛頌

弔 多嘯切 弔 劉寬碑 弔 費鳳碑 弔 郎中郭君碑 弔 夏承碑 弔 武榮碑

弔 元賓碑 弔 夏堪碑

眺 他弔切 眺 袁良碑

調 徒弔切 調 楊君斜谷碑

料 力弔切 料 魏受禪表 料 度尚碑

叫 吉弔切 叫 楊著碑 叫 繁陽令楊君碑

三十五笑

笑 仙妙切 咲 王政碑

肖 肖 孫叔敖碑陰

醮 子肖切 醮 三公山碑 醮 無極山碑

少 失照切 少 繁陽令楊君碑

照 之笑切 亦作炤 照 丁魴碑 炤 譙敏碑 照 郭禧碑

詔 詔 石經論語 詔 詔賜功臣家字 詔 孟郁脩堯廟碑 詔 魏尊號奏碑 詔 孔廟置卒史碑 詔 楊著碑

邵 實照切 邵 張納功德叙 邵 北海相景君碑 邵 唐公房碑 邵 靈臺碑陰

劭 劭 劉寬後碑陰

召 直笑切 召 石經尚書 召 戚伯著碑 召 魯峻碑

燿 弋笑切 亦作曜 燿 楊震碑 燿 苑鎮碑 燿 孔廟禮器碑 燿 史晨祠孔廟銘 曜 鄭烈碑

曜 李翊碑 曜 韓勑碑陰 曜 袁良碑

要 一笑切 要 孟郁脩堯廟碑 要 建平郫縣碑

妙 彌笑切 妙 郭仲奇碑 妙 馮煥碑陰 妙 劉熊碑 妙 孟郁脩堯廟碑

廟 眉召切 廟 楊統碑 廟 孔廟置卒史碑 廟 周公禮殿記

俵 方廟切 俵 孟郁脩堯廟碑

三十六效

效 胡孝切 效 魯峻碑 效 劉熊碑 効 吳仲山碑 效 孟郁脩堯廟碑 效 一坊碑

效 史晨祠孔廟銘 效 李翊碑 效 唐公房碑

校 校 郙閣頌 校 楊淮碑 校 馮緄碑 校 楊君斜谷碑

孝 許教切 孝 高頤闕碑 孝 孔廟置卒史碑 孝 夏承碑 孝 北海相景君碑 孝 梁休碑

教 居效切 教 孟郁脩堯廟碑 教 殽阬君碑 教 孔宙碑 教 孫根碑 教 唐公房碑

斅 孔廟置卒史碑 斅 繁陽令楊君碑 斅 張納功德叙 斅 史晨祠孔廟銘

豹 布校切 豹 魏石經左傳 豹 劉寬碑 豹 魯峻碑 豹 魏尊號奏碑 豹 蔡湛頌

貌 眉教切 貌 老子銘

三十七號

號 後到切 號 唐扶頌 號 郙閣頌

好 虛到切 好 劉熊碑 好 繁陽令楊君碑 好 孫根碑 好 鄭固碑 好 唐扶頌

誥 居号切 誥 張平子碑

告 告 石經公羊 告 楊著碑 告 桐柏廟碑 告 夏承碑 告 孔宙碑

奧 於到切 奧 孔廟禮器碑 奧 唐扶頌 奧 靈臺碑 奧 張平子碑

報 博冒切 報 孔廟置卒史碑 報 白石神君碑 報 孫叔敖碑 報 華山廟碑 報 殽阬君碑

報 史晨祠孔廟銘 報 吳仲山碑 報 魯峻碑 報 帝堯碑 報 樊毅脩華嶽碑 報 李翊碑

暴 薄報切 暴 校官碑 暴 殽阬君碑 暴 李翕西狹頌 暴 張納功德叙

冒 莫報切 冒 燕然銘

耄 耄 陳寔壇碑

譟 先到切 譟 魏大饗碑

埽 埽燕然銘

操 七到切 操劉寬後碑 操費鳳碑陰 操李翊碑 操靈臺碑 操楊震碑陰

操魯峻碑 操綏民尉熊君碑

造 造李翕西狹頌

漕 在到切 漕張納功德叙

到 刀号切 到馮緄碑 到李翊碑 到夏承碑 到史晨祠孔廟銘 到孔廟置卒史碑

到費鳳碑 到羊竇道碑

導 大到切 導郙閣頌 導吳仲山碑 導劉寬碑 導唐扶頌

盜 盜唐扶頌 盜羊竇道碑

悼 悼繁陽令楊君碑 悼張納功德叙 悼逢盛碑

蹈 蹈郭究碑 蹈孔耽神祠碑 蹈北海相景君碑 蹈太僕荀君碑

三十八箇

賀 何佐切 賀校官碑 賀漢鏡銘

佐 子賀切 佐楊統碑陰 佐羊竇道碑 佐夏承碑 佐樊毅復民租碑

三十九過

過 古卧切 過石經論語 過李翕西狹頌 過郙閣頌 過王純碑 過馮煥碑陰

過曹騰碑陰 過羊竇道碑 過馮緄碑 過楊君斜谷碑

播 補過切 播蔡湛頌 播平都侯蔣君碑 播魏受禪表 播孔宙碑 播横海呂將軍碑

播劉寬碑陰 播朱龜碑

破 普過切 破袁良碑 破孫叔敖碑 破李翕西狹頌 破王君石路碑

挫 祖卧切 挫 蔡湛頌

坐 徂卧切 坐 石經儀禮 坐 四老神祚机碑 坐 甄㞢讖坐板凾 坐 史晨祠孔廟銘 坐 孫根碑

坐 馮緄碑

貨 呼卧切 貨 李翕西狹頌 貨 陳度碑

四十禡

霸 必駕切 霸 魏尊號奏碑 霸 侯成碑 霸 魯峻碑 霸 樊敏碑

借 子夜切 借 武梁畫像碑

謝 詞夜切 謝 樊毅脩華嶽碑 謝 義井碑陰 謝 楊震碑陰 謝 桐栢廟碑 謝 袁良碑

舍 式夜切 舍 鄭子真舍宅碑

赦 赦 魏受禪表 赦 孔廟後碑題名

射 神夜切 射 帝堯碑 射 周憬功勳銘

詐 側駕切 詐 李翕西狹頌

夜 寅謝切 夜 史晨祠孔廟銘 夜 孫根碑 夜 桐栢廟碑 夜 吳仲山碑

暇 亥駕切 暇 張納功德敘 暇 孔彪碑 暇 楊著碑

夏 夏 石經論語 夏 魯峻碑 夏 樊毅脩華嶽碑 夏 吳仲山碑 夏 周憬功勳銘

夏 劉寬碑陰 夏 李翕坂碑 夏 唐公房碑 夏 孔宙碑 夏 郭究碑 夏 張納碑陰

駕 居訝切 駕 孟郁脩堯廟碑 駕 李翕坂碑 駕 楊著碑

架 架 孫叔敖碑

稼 稼 楊君斜谷碑 稼 費汎碑

亞 衣駕切 亞 費鳳碑陰 亞 逢盛碑 亞 樊毅脩華嶽碑

華 胡化切 華 華山亭碑 華 劉寬後碑 華 華山廟碑 華 劉寬碑

化 火跨切 化 富春丞張君碑 化 夏承碑 化 北海相景君碑 化 唐扶頌 化 綏民尉熊君碑

化 帝堯碑

跨 枯化切 跨 燕然銘 跨 衷良碑

四十一漾

羕 餘亮切 羕 應酬題名碑 羕 繁陽楊君碑陰

養 養 北海相景君碑 養 張納功德敘

訪 敷亮切 訪 孫根碑 訪 孫叔敖碑陰

望 無放切 望 繁陽令楊君碑 望 楊統碑 望 費鳳碑陰 望 史晨饗孔廟碑 望 綏民尉熊君碑

望 孫根碑 望 雍勸闕碑 望 華山廟碑 望 武梁畫像碑

相 息將切 相 石經尚書 相 老子銘 相 周憬功勳銘 相 孔廟置卒史碑

匠 疾亮切 匠 鄭烈碑 匠 馮緄碑 匠 衷良碑 匠 魏尊號奏碑

向 式亮切 向 張納功德敘 向 北海相景君碑

唱 尺亮切 唱 周憬功勳銘

障 之亮切 障 楊統碑 障 孫叔敖碑

尚 時亮切 尚 石經魯詩 尚 楊震碑 尚 劉寬碑陰 尚 郙閣頌

上 上 石經儀禮 上 綏民尉熊君碑 上 楊著碑

壯 側亮切 壯 孔從事碑 壯 周憬功勳銘 壯 鄭烈碑

創 楚亮切 創 苑鎮碑 創 李翕狹頌

愴 愴 李翊碑 愴 孫根碑 愴 戚伯著碑

狀 助亮切 狀 羊竇道碑 狀 孔廟置卒史碑 狀 費汎碑 狀 樊毅復民租碑

帳 知亮切 帳 斥彰長碑 帳 馮煥碑陰

暢 丑亮切 暢 鄭烈碑

鬯 鬯 劉熊碑

杖 登亮切 杖 石經論語 杖 州輔碑 杖 費鳳碑

諒 力讓切亦作亮 亮 石經尚書 諒 劉寬碑 亮 韓勑碑陰 亮 孟郁脩堯廟碑 亮 劉熊碑陰

亮 魏大饗碑

兩 兩 郙閣頌

況 許放切 況 袁良碑

四十二宕

宕 徒浪切 宕 張納碑陰

盪 他浪切 盪 魏元丕碑

閬 郎宕切 閬 張納碑陰

喪 四浪切 喪 楊著碑 喪 劉寬後碑 喪 平都侯蔣君碑 喪 楊淮碑 喪 夏承碑

喪 魯峻碑 喪 堯廟碑陰

葬 則浪切 葬 石經公羊 葬 馮緄碑 葬 張表碑 葬 靈臺碑 葬 劉寬碑

亢 口浪切 亢 元賓碑 亢 鄭烈碑 亢 華山亭碑

伉 伉 楊震碑陰 伉 楊君斜谷碑

曠 苦謗切 曠 魏尊號奏碑 曠 魯相謁孔廟碑 曠 華山亭碑 曠 劉熊碑 曠 綏民尉熊君碑

絖 絖 祝睦後碑

壙 壙武班碑

謗補曠切 謗戚伯著碑

四十三映

競渠映切 競劉寬後碑 競孫根碑 競華山亭碑 競楊震碑

慶丘正切 慶樊毅脩華嶽碑 慶帝堯碑 慶唐扶頌 慶靈臺碑 慶桐柏廟碑

行胡孟切 行園令趙君碑 行北海相景君碑

橫戶孟切 橫戚伯著碑

孟莫更切 孟殽阬君碑陰 孟孟郁脩堯廟碑 孟樊毅脩華嶽碑 孟鄭固碑 孟靈臺碑

孟劉熊碑 孟江原長進德碣 孟景君碑陰 孟羊竇道碑 孟孔廟後碑題名 孟尉氏鄭君碑陰

病皮命切 病北海相景君碑 病袁良碑 病馮緄碑 病孫叔敖碑 病楊著碑

病孔彪碑

命眉病切 命石經尚書 命魏石經左傳 命金恭碑 命帝堯碑 命樊毅脩華嶽碑

命孫根碑 命綏民校尉熊君碑 命周憬功勳銘 命鄭三益碑 一

詠爲命切亦作咏 詠元賓碑 詠北海相景君碑 詠孔彪碑 詠李翕西狹頌 詠孔廟禮器碑

詠鄐閣頌

四十四諍

諍側迸切 諍唐扶頌

迸北諍切 迸唐扶頌 迸孔彪碑

四十五勁

敻翾正切 敻張表碑 敻燕然銘

併 畀正切 併 真道冢碑

聘 匹正切 聘 孔彪碑 聘 史晨祠孔廟銘

娉 娉 樊敏碑 娉 戚伯著碑 娉 夏堪碑

性 息正切 性 周憬功勳銘 性 許馘夫人碑 性 孫根碑 性 戚伯著碑 性 劉熊碑陰

性 費鳳碑陰 性 夏承碑 性 孟郁脩堯廟碑

姓 姓 孟郁脩堯廟碑 姓 曹騰碑陰 姓 夏承碑 姓 老子銘 姓 羊竇道碑

姓 孫根碑 姓 靈臺碑

靚 疾正切 靚 劉寬碑陰

聖 式正切 聖 石經論語 聖 孟郁脩堯廟碑 聖 靈臺碑 聖 孫根碑 聖 周憬功勳銘

聖 孔從事碑 聖 鄭固碑 聖 唐扶頌

正 之盛切 正 石經尚書 正 楊著碑 正 夏承碑 正 老子銘 正 苑鎮碑

正 馮緄碑 正 華山亭碑 正 唐扶頌

政 政 劉寬碑陰 政 劉脩碑 政 馮緄碑 政 費汎碑 政 孔廟置卒史碑

政 周憬功勳銘 政 靈臺碑 政 鄭固碑 政 孫叔敖碑 政 楊統碑 政 張納功德叙

盛 時正切 盛 逢盛碑 盛 魯峻碑 盛 靈臺碑 盛 羊竇道碑 盛 綏民校尉熊君碑

盛 楊著碑 盛 張納碑陰

鄭 直正切 鄭 石經公羊 鄭 魏石經左傳 鄭 元賓碑 鄭 唐公房碑陰 鄭 鄭子真舍宅碑

鄭 帝堯碑 鄭 鄭三益碑

令 力正切 令 高頤闕碑 令 王稚子闕碑 令 平輿令薛君碑 令 元賓碑 令 張納功德叙

令 孫叔敖碑 令 樊毅復民租碑 令 北海相景君碑 令 馮煥神道碑 令 夏承碑 令 緜竹王君神道

令 無極山碑 令 孫根碑 令 孔廟置卒史碑 令 綏民尉熊君碑 令 樊毅脩華嶽碑

敬 居慶切 敬 石經尚書 敬 孔從事碑 敬 北海相景君碑 敬 劉熊碑陰 敬 孟郁脩堯廟碑

敬 魯峻碑 敬 楊統碑陰 敬 華山亭碑

竟 竟 魯峻碑 竟 曹騰碑陰 竟 衷良碑 竟 張納功德敘

鏡 鏡 魏大饗碑 鏡 孔廟禮器碑 鏡 周憬功勳銘

四十六徑

磬 詰定切 磬 石經論語 磬 孔彪碑 磬 校官碑 磬 孔廟禮器碑

聽 他定切 聽 石經尚書 聽 靈臺碑 聽 楊君斜谷碑 聽 孔宙碑 聽 樊毅復民租碑

定 徒徑切 定 侯成碑 定 孫根碑 定 孔廟禮器碑 定 周憬功勳銘 定 史晨祠孔廟銘

定 張納功德敘 定 楊震碑陰 定 老子銘

寧 乃定切 寧 觴豆碑陰 寧 劉寬碑陰 寧 景君碑陰

佞 佞 楊震碑 佞 魯峻碑

四十七證

勝 詩證切 勝 劉熊碑陰 勝 度尚碑 勝 張納功德敘

乘 石證切 乘 武梁畫像碑

媵 以證切 媵 石經儀禮

應 於證切 應 樊毅脩華嶽碑 應 帝堯碑 應 孟郁脩堯廟碑 應 戚伯著碑 應 史晨祠孔廟銘

四十八嶝

鄧 唐亘切 鄧 繁陽楊君碑陰 鄧 桐栢廟碑

蹬 蹬 蔡湛頌

贈 昨亘切 贈 劉寬碑 贈 樊安碑

亘 居鄧切 亘 燕然銘

四十九宥

又 爰救切 又 周憬功勳銘

右 亦作佑 右 王君石路碑 右 張納碑陰 右 張公神碑 右 夏承碑 右 華山亭碑

右 馮緄碑 佑 繁陽令楊君碑

祐 祐 楊震碑陰 祐 北海相景君碑 祐 桐柏廟碑 祐 孫根碑 祐 孔廟禮器碑

祐 孔從事碑 祐 楊統碑陰

救 居又切 救 郙閣頌 救 楊震碑陰 救 周公禮殿記

究 究 李翊碑 究 羊竇道碑 究 楊淮碑 究 吳仲山碑 究 楊震碑

究 丁魴碑 究 樊毅脩華嶽碑

疚 疚 袁良碑 疚 孫根碑

廐 廐 横海呂將軍碑

舊 巨救切 舊 石經尚書 舊 元賓碑 舊 華山亭碑 舊 張納功德叙 舊 史晨祠孔廟銘

舊 樊毅脩華嶽碑 舊 孔廟禮器碑 舊 羊竇道碑

柩 柩 費鳳碑 柩 夏堪碑

柚 余救切 柚 張納功德叙

副 敷救切 副 費鳳碑 副 孟郁脩堯廟碑 副 楊統碑 副 横海呂將軍碑 副 繁陽楊君碑陰

富 方副切 富 石經論語 富 孫叔敖碑 富 靈臺碑

秀 息救切 秀 孔彪碑 秀 張納功德叙 秀 逢盛碑 秀 樊毅脩華嶽碑

繡 繡校官碑 繡劉寬碑陰 繡衷良碑

就疾僦切 就石經尚書 就李翕西狹頌 就孔宙碑 就何君閣道碑 就孟郁脩堯廟碑

就華山亭碑 就江原長進德碣 就夏承碑 就王君石路碑 就任君殘碑陰 就孫根碑

狩舒救切 狩張平子碑 狩楊君斜谷碑

獸 獸石經論語 獸樊毅脩華嶽碑 獸孔耽神祠碑 獸唐公房碑

授承呪切 授孟郁脩堯廟碑 授劉熊碑 授靈臺碑 授繁陽令楊君碑 授唐扶頌

授北海相景君碑

綬 綬劉寬碑 綬侯成碑 綬樊安碑 綬馮緄碑 綬堯廟碑陰

壽 壽婁壽碑 壽老子銘 壽羊竇道碑 壽北海相景君碑 壽張表碑

壽孫根碑 壽靈臺碑 壽督郵斑碑 壽脩孔廟後碑 壽周憬功勳銘 壽魏石經左傳

晝陟救切 晝桐柏廟碑

冑直又切 冑楊震碑 冑孫根碑 冑靈臺碑 冑張納功德叙

宙 宙孔宙碑

五十候

候胡茂切 候李翊碑 候交阯沈君神道 候繁陽令楊君碑 候王純碑

后 后石經尚書 后逢盛碑 后周憬功勳銘 后華山亭碑 后鄭固碑

后張表碑 后曹騰碑陰

逅 逅吳仲山碑

後 後石經公羊 後老子銘 後靈臺碑 後武梁畫像碑 後綏民尉熊君碑

後夏承碑 後帝堯碑 後孫根碑 後張納碑陰 後楊著碑

寇 止侯切
寇 郙閣頌
寇 劉寬碑
寇 張納功德敘
寇 校官碑
寇 劉熊碑陰

寇 費鳳碑陰

扣
扣 劉脩碑

戊 莫侯切
戊 梁休碑
戊 華山亭碑
戊 侯鉦銘字
戊 無極山碑

茂
茂 楊統碑
茂 孟郁脩堯廟碑
茂 鄭烈碑
茂 秦頡碑
茂 劉熊碑陰

茂 苑鎮碑
茂 戚伯著碑

楙
楙 魏尊號奏碑

裒
裒 何君閣道碑

奏 則候切
奏 魏大饗碑
奏 靈臺碑
奏 魯峻碑
奏 張納碑陰

豆 大透切
豆 司空殘碑
豆 魏脩孔子廟碑

梪
梪 孔廟禮器碑

竇
竇 羊竇道碑

漏 郎豆切
漏 魏尊號奏碑

陋
陋 魏尊號奏碑
陋 郯令景君闕銘
陋 鄭固碑

鏤
鏤 鄭烈碑
鏤 張表碑

槈 乃豆切
槈 孔宙碑

五十一幼

幼 伊謬切
幼 劉寬碑陰
幼 華山亭碑
幼 侯成碑
幼 孔從事碑
幼 殽阬君碑陰

幼 樊安碑

謬 靡幼切
謬 督郵斑碑

繆　繆 郎中郭君碑

五十二沁

浸 子鴆切　浸 孟郁脩堯廟碑

甚 時鴆切　甚 魏上尊號奏碑　甚 樊毅復民租碑　甚 費鳳碑陰　甚 曹騰碑陰　甚 司空殘碑

甚 處士嚴發碑　甚 郙閣　甚 堯廟碑側

任 汝鴆切　任 海相景君碑

識 楚禁切　識 張平子碑　識 孔廟禮器碑　識 老子銘　識 譙敏碑

譖 側禁切　譖 楊震碑　譖 曹騰碑陰

禁 居廕切　禁 鄭烈碑　禁 繁陽令楊君碑

蔭 於禁切　蔭 魏大饗碑　蔭 楊君斜谷碑

五十三勘

紺 古暗切　紺 殽阬君碑

闇 烏紺切　闇 靈臺碑

探 他紺切　探 范式碑　探 張平子碑

五十四闞

闞 苦濫切　闞 馮煥碑

暫 昨濫切　暫 燕然銘　暫 樊毅脩華嶽碑

擔 都濫切　擔 鄭烈碑

啖 徒濫切　啖 唐公房碑

淡　淡 衡方碑

澹 澹祝睦碑 澹唐扶頌 澹劉脩碑

五十五豔

豔 以贍切 豔張納功德敘

厭 於豔切 厭樊毅脩華嶽碑 厭繁陽令楊君碑

猒 猒婁壽碑

塹 七豔切 漸劉寬碑陰

襜 昌豔切 襜督郵斑碑 襜吳仲山碑

贍 時豔切 贍鄭烈碑

五十六㮇

墊 都念切 墊張納碑陰

念 奴玷切 念石經尚書 念張納功德敘 念孔廟禮器碑 念郙閣頌 念史晨祠孔廟銘

念 楊統碑

僭 子念切 僭苑鎮碑 僭老子銘

五十七釅

驗 魚欠切 驗孟郁脩堯廟碑

劒 居欠切 劒魏大饗碑 劒衷良碑

五十八陷

陷 乎韽切 陷曹騰碑陰 陷樊敏碑

臽 臽李翕西狹頌 臽李翕坂碑

五十九鑑

鑑 居陷切 鑑 孔彪碑 鑑 郭究碑 鑑 華山亭碑

監 監 石經尚書 監 孟郁脩堯廟碑

六十梵

梵 扶泛切 梵 衛彈碑

泛 浮梵切亦作汎 泛 劉寬碑陰 汎 費汎碑

隸韻卷第八終

隸韻卷第九

入聲上

一屋

屋 烏谷切　屋 華山亭碑　屋 李翊碑　屋 靈臺碑　屋 孫叔敖碑　屋 樊毅脩華嶽碑

哭 空谷切　哭 侯成碑　哭 鄭固碑

穀 古祿切　穀 石經論語　穀 孔彪碑　穀 祝睦後碑　穀 劉寬碑陰　穀 武梁畫像碑

穀 樊毅脩華嶽碑　穀 蔡湛頌　穀 唐公房碑　穀 是邦雄桀碑　穀 張納功德敘　穀 繁陽令楊君碑

穀 靈臺碑　穀 孔廟後碑題名

轂 燕然銘

谷 周憬功勳銘　谷 楊君斜谷碑　谷 唐公房碑　谷 羊竇道碑　谷 斜谷典匠題名

縠 胡谷切　縠 魏石經左傳

斛 斛樊毅復民租碑 斛楊君仲碑

卜 博木切 卜劉寬碑陰 卜靈臺碑 卜費鳳碑

僕 步木切 僕魏尊號奏碑 僕戚伯著碑 僕楊震碑

木 莫卜切 木桐柏廟碑 木綏民尉熊君碑 木五瑞碑 木張公神碑

沐 沐魏尊號奏碑 沐楊震碑陰

速 蘇谷切 速孔宙碑 速孫根碑 速楊統碑

族 昨木切 族孫叔敖碑 族元賓碑 族李翊碑 族唐扶頌 族袁良碑

族橫海呂將軍碑 族孔廟禮器碑 族孫叔敖碑陰 族李翊夫人碑

犢 徒谷切 犢王純碑

讀 讀魏尊號奏碑 讀周公禮殿記

瀆 瀆桐柏廟碑 瀆樊毅脩華嶽碑 瀆李翕西狹頌

獨 獨樊毅脩華嶽碑 獨魯峻碑 獨鄭固碑 獨劉熊碑 獨孔廟禮器碑

禄 盧谷切 禄魏尊號奏碑 禄戚伯著碑 禄費鳳碑 禄華山亭碑 禄樊毅脩華嶽碑

禄夏承碑 禄老子銘

漉 漉費鳳碑 漉鄘閣頌

麓 麓燕然銘

鹿 鹿帝堯碑 鹿五瑞碑 鹿孔宙碑 鹿靈臺碑 鹿孔廟禮器碑

角 角四老神祚机碑

福 方六切 福孟郁脩堯廟碑 福華山亭碑 福魯相謁孔廟碑 福桐柏廟碑 福苑鎮碑

福樊毅脩華嶽碑 福綏民尉熊君碑

腹
腹 鄭固碑
腹 唐公房碑

復
復 帝堯碑
復 孟郁脩堯廟碑
復 史晨祠孔廟銘
復 戚伯著碑
復 樊毅脩華嶽碑
復 樊安碑
復 唐扶頌
復 張納功德敘
復 楊著碑

覆 芳六切
覆 李翕西狹頌
覆 樊毅復民租碑
覆 孟郁脩堯廟碑

伏 房六切
伏 北海相景君碑
伏 周憬功勳銘
伏 老子銘
伏 費鳳碑
伏 孔彪碑

伏 史晨祠孔廟銘
伏 樊安碑

服
服 石經論語
服 唐扶頌
服 魯峻碑
服 靈臺碑
服 樊毅脩華嶽碑
服 孫根碑
服 武梁畫像碑

馥
馥 張表碑
馥 斥彰長碑
馥 孔從事碑

目 莫六切
目 靈臺碑

睦
睦 魏尊號奏碑
睦 平都侯蔣君碑
睦 周憬功勳銘
睦 祝睦碑

牧
牧 魯峻碑
牧 高彪碑
牧 平都侯蔣君碑
牧 夏承碑
牧 綏民尉熊君碑
牧 李翕西狹頌
牧 費鳳碑

穆
穆 張納功德敘
穆 周憬功勳銘
穆 祝睦後碑
穆 費汎碑
穆 綏民尉熊君碑
穆 夏承碑
穆 孔廟禮器碑
穆 楊震碑
穆 李翊夫人碑

肅 息六切
肅 華山亭碑
肅 司馬季德碑
肅 三公山碑
肅 孔從事碑
肅 樊毅復民租碑
肅 桐柏廟碑
肅 夏承碑
肅 史晨祠孔廟銘
肅 張納功德敘
肅 唐扶頌
肅 徐氏紀產碑
肅 劉寬後碑

夙
夙 張納功德敘
夙 孔宙碑
夙 史晨祠孔廟銘
夙 孫根碑
夙 北海相景君碑
夙 夏承碑

宿 宿石經論語 宿北海相景君碑 宿劉曜碑 宿李翕西狹頌 宿樊毅復民租碑

叔 式竹切 叔楊著碑陰 叔公乘伯喬題名 叔華山亭碑 叔唐扶頌 叔戚伯著碑

叔繁陽令楊君碑 叔劉寬後碑陰 叔夏堪碑

儵 儵費鳳碑陰

祝 之六切 祝孟郁脩堯廟碑 祝馮焕碑陰 祝孔廟置卒史碑 祝費鳳碑陰 祝唐公房碑陰

粥 粥王純碑

孰 神六切 孰石經論語 孰繁陽令楊君碑 孰孫根碑 孰老子銘 孰靈臺碑

孰華山亭碑

淑 淑樊安碑 淑張納功德叙 淑夏堪碑 淑朱龜碑 淑馬江碑

肉 而六切 肉史晨饗孔廟碑

縮 所六切 縮孫根碑 縮仲秋下旬碑

謖 謖帝堯碑

竹 張六切 竹劉熊碑 竹緜竹江君神道 竹孫叔敖碑 竹張壽碑

竺 竺觴豆碑陰 竺平輿令薛君碑

築 築魏大饗碑 築吳仲山碑 築周公禮殿記

茿 茿苑鎮碑

蓄 敕六切 蓄北海相景君碑 蓄孫叔敖碑 蓄苑鎮碑 蓄費鳳碑

稸 稸衡立碑

逐 仲六切 逐魏大饗碑

六 力竹切 六石經尚書 六唐公房碑 六桐柏廟碑 六夏承碑

陸 陸 宋龜碑 陸 韓勅碑陰

參 [illegible] 碑

戮 [illegible] 碑

勠 [illegible] 碑

[illegible] [illegible]切 [illegible] 魏受禪表 育 靈臺碑 育 孫根碑 育 秦頡碑 育 李翊夫人碑

[illegible] [illegible] 碑 毓 劉寬碑陰 毓 張納功德叙 毓 鄭固碑 毓 元賓碑 毓 繁陽令楊君碑

毓 史晨祠孔廟銘

昱 昱 魏尊號奏碑

煜 煜 雍勸闕碑

畜 許六切 畜 孔耽碑後字 畜 唐公房碑

慉 慉 脩孔廟後碑

鞠 居六切 鞠 繁陽楊君碑陰 鞠 北海景君碑陰

彧 乙六切 彧 譙敏碑

郁 郁 劉熊碑陰 郁 孟郁脩堯廟碑

二沃

鵠 胡沃切 鵠 劉熊碑陰

酷 枯沃切 酷 魯峻碑 酷 郙閣頌 酷 許馘夫人碑

篤 都毒切 篤 楊著碑 篤 州輔碑陰 篤 戚伯著碑 篤 夏承碑 篤 太僕當君碑

篤 張納功德叙 篤 周憬功勳銘 篤 秦頡碑

督 督 斥彰長碑 督 魯峻碑 督 靈臺碑陰 督 羊竇道碑 督 綏民尉熊君碑

馮緄碑 督 夏承碑

毒 徒沃切 毒 楊君斜谷碑 毒 斥彰長碑

三燭

燭 朱欲切 燭 朱龜碑 燭 鄭烈碑

束 輸玉切 束 孔彪碑 束 孫根碑 束 金恭碑 束 劉熊碑 束 綏民尉熊君碑

觸 樞玉切 觸 魏尊號奏碑 觸 三公山碑 觸 史晨祠孔廟銘 觸 老子銘

蜀 殊玉切 蜀 孔廟置卒史碑 蜀 江原長進德碣 蜀 何君閣道碑 蜀 羊竇道碑

屬 屬 張表碑 屬 劉寬碑陰 屬 帝堯碑 屬 李翕西狹頌 屬 孟郁脩堯廟碑

屬 李翊碑 屬 華山亭碑 屬 戚伯著碑 屬 老子銘 屬 楊統碑

贖 神蜀切 贖 費鳳碑 贖 楊統碑 贖 平輿令薛君碑

辱 儒欲切 辱 石經論語 辱 魏尊號奏碑

粟 須玉切 粟 李翕西狹頌 粟 孫根碑 粟 橫海呂將軍碑

促 趨玉切 促 李翕西狹頌 促 樊安碑

足 縱玉切 足 魏尊號奏碑 足 曹騰碑陰 足 魯峻碑 足 老子銘 足 樊毅脩華嶽碑

足 孫根碑 足 張平子碑

續 祥玉切 續 郯令景君闕銘 續 孔從事碑 續 繁陽令楊君碑 續 郙閣頌

藚 藚 石經魯詩

俗 俗 孟郁脩堯廟碑 俗 周公禮殿記 俗 李翊碑 俗 校官碑 俗 老子銘

俗 繁陽令楊君碑 俗 夏承碑 俗 楊統碑 俗 孔彪碑 俗 秦頡碑

錄 龍玉切 錄 唐扶頌 錄 孔耽碑後字 錄 楊震碑

逯 逯 劉寬碑 逯 繁陽場君碑陰

欲 俞玉切 欲 石經論語 欲 北海相景君碑 欲 吳仲山碑 欲 老子銘 欲 孔廟置卒史碑

欲 靈臺碑 欲 真道冢碑 欲 劉脩碑 欲 唐公房碑

浴 浴 祝睦後碑

曲 區玉切 曲 石經魯詩 曲 斥彰長碑 曲 周公禮殿記 曲 孫叔敖碑 曲 綏民尉熊君碑

玉 虚欲切 玉 史晨祠孔廟銘 玉 周公禮殿記 玉 楊著碑 玉 高直闕碑 玉 楊統碑陰

獄 獄 魏受禪表 獄 唐公房碑 獄 斥彰長碑 獄 張納碑陰

四覺

角 訖岳切 角 樊敏碑 角 逢盛碑 角 劉寬碑 角 劉寬後碑

桷 桷 史晨祠孔廟銘

榷 榷 魯峻碑

較 較 魯峻碑

確 克角切 確 鄭烈碑 確 高彪碑

埆 埆 孫叔敖碑

學 轄覺切 學 石經論語 學 周公禮殿記 學 戚伯著碑 學 劉熊碑陰 學 綏民尉熊君碑

學 楊著碑

渥 乙角切 渥 魏受禪表

握 握 郭究碑 握 孫根碑 握 帝堯碑

幄 幄 魏大饗碑

嶽 逆角切亦作岳 嶽 樊毅脩華嶽碑 嶽 劉熊碑 嶽 華山亭碑 嶽 孔彪碑 嶽 周憬功勳銘

嶽 孔宙碑 嶽 衡方碑 岳 宗俱碑 岳 魯峻碑 岳 張表碑

剥 北角切 剥 李翊夫人碑 剥 北海相景君碑 剥 富春丞張君碑 剥 費鳳碑

駮 駮 楊君斜谷碑

樸 匹角切 樸 魏受禪表 樸 劉寬碑

朴 朴 孔宙碑

雹 弼角切 雹 夏堪碑

邈 墨角切 亦作藐 邈 魯峻碑 邈 孔彪碑 邈 費鳳碑陰 邈 鄭烈碑 邈 袁良碑

藐 平輿令薛君碑 藐 楊統碑 藐 燕然銘

朔 色角切 朔 帝堯碑 朔 楊震碑陰 朔 祝睦後碑

數 數 賜馮煥詔 數 堵陽長劉君碑

琢 竹角切 琢 校官碑

卓 卓 孔從事碑 卓 楊君斜谷碑 卓 樊敏碑 卓 劉熊碑陰

涿 涿 孔廟禮器碑 涿 燕然銘 涿 劉寬碑陰 涿 楊著碑陰

逴 敕角切 逴 袁良碑 逴 孔廟禮器碑

濁 直角切 濁 孫叔敖碑 濁 樊毅脩華嶽碑 濁 綏民尉熊君碑

濯 濯 靈臺碑 濯 樊敏碑

擢 擢 孔宙碑 擢 祝睦後碑 擢 繁陽令楊君碑

五質

質 職日切 質 楊統碑 質 平都侯蔣君碑 質 北海相景君碑 質 綏民尉熊君碑

隲 隲 劉寬碑陰

蛭　蛭 楊君斜谷碑

失 式質切　失 繁陽令楊君碑　失 周憬功勳銘　失 孔宙碑　失 孫根碑　失 劉寬後碑

失 樊安碑

室　室 蔡湛頌　室 夏承碑　室 戚伯著碑　室 楊著碑　室 郎中鄭君碑

室 樊毅脩華嶽碑　室 李翊碑　室 孔宙碑

實 食質切　實 楊震碑　實 樊安碑　實 老子銘　實 孫叔敖碑　實 張表碑

日 入質切　日 石經公羊　日 何君閣道碑　日 綏民尉熊君碑　日 老子銘

率 朔律切　率 孟郁脩堯廟碑　率 樊毅脩華嶽碑　率 唐公房碑　率 丁魴碑　率 朱龜碑

率 郭仲奇碑

蟀　蟀 石經魯詩

悉 息七切　悉 帝堯碑　悉 袁良碑　悉 張壽碑　悉 督郵斑碑

膝　膝 鄭固碑

七 戚悉切　七 石經尚書　七 蔡湛頌　七 巴官鐵盆銘　七 譙敏碑　七 孔廟置卒史碑

漆　漆 孔廟禮器碑

疾 昨悉切　疾 石經尚書　疾 斥彰長碑　疾 夏承碑　疾 楊統碑　疾 馮緄碑

疾 劉寬後碑　疾 張表碑　疾 楊著碑　疾 金恭碑　疾 戚伯著碑　疾 樊安碑

疾 李翊碑

嫉　嫉 楊震碑

必 壁吉切　必 石經論語　必 楊君斜谷碑　必 殽阬君碑　必 樊毅脩華嶽碑

畢　畢 史晨祠孔廟銘　畢 綏民尉熊君碑　畢 楊統碑陰

匹 僻吉切 匹 武榮碑 匹 衷良碑 匹 馮緄碑

比 簿必切 比 費鳳碑

佖 佖 劉熊碑陰

泌 泌 周憬功勳銘

謐 覓畢切 謐 劉寬後碑 謐 張納功德叙

筆 逼密切 筆 張平子碑 筆 劉寬碑 筆 戚伯著碑 筆 王純碑

弼 薄密切 弼 孫根碑 弼 張納功德叙 弼 柳敏碑 弼 楊淮碑 弼 周憬功勳銘

密 莫筆切 密 繁陽楊君碑陰 密 孟郁脩堯廟碑 密 蔡湛頌

室 陟栗切 室 脩孔廟後碑

銍 銍 校官碑

秩 直質切 秩 魏尊號奏碑 秩 楊統碑 秩 繁長尉熊君碑 秩 老子銘 秩 北海相景君碑

秩 張納功德叙 秩 孔彪碑 秩 帝堯碑

姪 姪 郭究碑

栗 力質切 栗 柳敏碑

慄 慄 鄐閣頌 慄 楊統碑 慄 周憬功勳銘 慄 李翕西狹頌

溧 溧 校官碑

暱 尼質切 暱 孫根碑

逸 弋質切 逸 劉寬碑陰 逸 樊毅脩華嶽碑 逸 費鳳碑陰 逸 橫海呂將軍碑

佚 佚 石經論語 佚 婁壽碑

軼 軼 楊震碑陰

溢 溢郙閣頌 溢孟郁脩堯廟碑

劮 劮石經尚書

蛣 契吉切 蛣周憬功勳銘

吉 激質切 吉靈臺碑 吉綏民尉熊君碑 吉老子銘

一 益悉切 一孔廟置卒史碑

壹 壹費鳳碑陰

乙 億姞切 乚孫根碑

六術

術 食律切 術費鳳碑陰 術虞公房碑陰 術綏民尉熊君碑 術侯成碑 術孟郁脩堯廟碑

術張表碑 術北海相景君碑 術王純碑

述 述楊震碑 述繁陽令楊君碑 述費鳳碑 述張表碑 述樊毅脩華嶽碑

述陳寔殘碑 述李君西坂碑 述綏民尉熊君碑 述老子銘

出 尺律切 出石經尚書 出魏元丕碑 出唐扶頌 出樊毅脩華嶽碑 出張納功德叙

出靈臺碑陰 出孟郁脩堯廟碑 出劉熊碑 出周憬功勳銘

恤 雪律切亦作䘏 䘏張納功德叙 恤劉熊碑 䘏衛彈碑 恤費鳳碑陰 恤唐扶頌

戌 戌周公禮殿記 戌劉寬碑

卒 節律切 卒石經公羊 卒華山亭碑 卒袁良碑 卒老子銘 卒綏民尉熊君碑

卒夏承碑 卒斥彰長碑 卒孔廟置卒史碑 卒侯成碑

猝 猝劉衡碑

黜 敕律切 黜孔彪碑

絀 絀 范鎮碑 絀 唐扶頌 絀 張表碑

怵 怵 朱龜碑

律 劣戌切 律 蔡湛頌 律 樊敏碑 律 馮緄碑 律 孔彪碑

聿 以律切 聿 石經魯詩 聿 張公神碑

鴪 鴪 費鳳碑陰

七櫛

櫛 側瑟切 櫛 魏尊號奏碑

瑟 色櫛切 瑟 石經魯詩 瑟 孔廟禮器碑

八勿

勿 文拂切 勿 石經魯詩 勿 義井碑陰 勿 真道冢碑

詘 詘 孫根碑 詘 劉寬後碑 詘 楊統碑

鬱 紆勿切 鬱 魏尊號奏碑 鬱 周憬功勳銘

蔚 蔚 無極山碑

九迄

迄 許訖切 迄 是邦雄桀碑 迄 李翊碑 迄 周公禮殿記

物 物 孟郁脩堯廟碑 物 夏承碑 物 郙閣頌 物 魯峻碑

拂 敷勿切 拂 張表碑

髴 髴 史晨饗孔廟碑 髴 魏脩孔子廟碑

弗 分物切 弗 魯峻碑 弗 華山亭碑 弗 孫根碑 弗 北海相景君碑 弗 桐栢廟碑

紼 紼 孟郁脩堯廟碑 紼 李翊碑

乞 欺乙切 魯峻碑 繁陽令楊君碑 樊敏碑 樊毅復民租碑 張納功德敘

乞 武梁畫像碑 無極山碑

訖 居乞切 李翕坂碑

十月

月 魚厥切 石經魯詩 曹騰碑陰 王政碑 楊統碑 桐栢廟碑

月 羊竇道碑 綏民尉熊君碑 夏承碑

越 王伐切 費鳳碑陰 史晨饗孔廟碑 苑鎮碑 孔廟禮器碑 州輔碑

越 劉熊碑 司空孔君碑

鉞 魏大饗碑 白石神君碑 張納功德敘

曰 石經尚書 楊著碑 樊毅脩華嶽碑 婁壽碑 孔廟置卒史碑

粵 魏石經左傳 范式碑 仲秋下旬碑 劉寬後碑 唐扶頌

闕 丘月切 東海廟碑 武榮碑 董恢闕碑

厥 居月切 石經尚書 樊敏碑 靈臺碑 楊淮碑 楊君斜谷碑

厥 北海相景君碑

蹶 周憬功勳銘

竭 其謁切 華山亭碑 孔廟禮器碑 唐扶頌 楊君斜谷碑 孔彪碑

竭 李翊碑

謁 於歇切 孫根碑 史晨祠孔廟銘 袁良碑 北海相景君碑 交阯沈君神道

謁 張納碑陰 魯峻碑 堵陽長劉君碑

髮 方伐切 魏脩孔子廟碑 婁壽碑 衡立碑 袁良碑 李翊夫人碑

黻 黻楊著碑 黻孔耽神祠碑 黻繁陽令楊君碑

紱 紱夏承碑 紱王純碑 紱樊安碑

芾 芾魏元丕碑

佛 符勿切 佛馬江碑

屈 曲勿切 屈劉熊碑陰 屈老子銘 屈夏承碑 屈鄭固碑 屈周憬功勳銘

十一沒

沒 莫勃切 沒郙閣頌 沒費鳳碑陰 沒李翊碑 沒殽阬君碑 沒馮緄碑

發 發張表碑 發孫根碑 發楊著碑 發周憬功勳銘

伐 房越切 伐石經公羊 伐張表碑 伐郭究碑

罰 罰張壽碑 罰孫根碑 罰唐扶頌

歿 歿魏尊號奏碑 歿繁陽令楊君碑 歿婁壽碑 歿北海相景君碑 歿費鳳碑

歿靈臺碑 歿戚伯著碑 歿孔宙碑 歿高彪碑 歿斥彰長碑

勃 蒲沒切 勃華山亭碑 勃魯峻碑 勃戚伯著碑 勃劉熊碑 勃宗俱碑陰

窣 蘇骨切 窣華山亭碑

突 陁沒切 突繁陽楊君碑陰 突張納功德敘

忽 呼骨切 忽楊震碑陰 忽侯成碑 忽北海相景君碑 忽魏元丕碑

骨 古忽切 骨魏尊號奏碑 骨靈臺碑陰 骨劉熊碑

十二曷

曷 何葛切 曷石經公羊 曷鄭固碑 曷唐扶頌 曷楊著碑

褐 褐孫叔敖碑

葛 居曷切 [隸] 石經魯詩

割 [隸] 袁良碑 [隸] 逄盛碑 [隸] 吳仲山碑

遏 阿葛切 [隸] 張表碑 [隸] 周憬功勳銘 [隸] 劉寬碑

閼 [隸] 張納功德敘

怛 當割切 [隸] 劉寬碑 [隸] 孫根碑 [隸] 周憬功勳銘 [隸] 夏承碑

闥 他達切 [隸] 孫根碑 [隸] 梁休碑

達 陁葛切 [隸] 樊毅脩華嶽碑 [隸] 馮煥碑陰 [隸] 楊君斜谷碑 [隸] 宋恩等題名碑

糲 郎葛切 [隸] 劉寬後碑 [隸] 婁壽碑

捺 乃曷切 [隸] 唐扶頌

十三末

末 莫葛切 [隸] 校官碑 [隸] 戚伯著碑 [隸] 樊敏碑 [隸] 唐扶頌 [隸] 李翊夫人碑

沬 [隸] 殺阬君碑

活 户括切 [隸] 魏尊號奏碑

括 古活切 [隸] 州輔碑

栝 [隸] 袁良碑

撥 北末切 [隸] 魏尊號奏碑 [隸] 李翊碑

跋 蒲撥切 [隸] 繁陽令楊君碑

撮 麤括切 [隸] 魯峻碑 [隸] 張表碑

剟 都括切 [隸] 樊安碑

脱 他括切 [隸] 殺阬君碑陰

奪 徒活切 北海相景君碑

十四黠

黠 下八切 北海相景君碑

滑 戶八切 李翕坂碑 劉寬後碑

猾 孫根碑 孔宙碑 校官碑 孔彪碑 賜馮煥詔

八 布拔切 靈臺碑 帝堯碑 吳仲山碑 祝睦後碑 漢磚銘

拔 蒲八切 袁良碑 劉脩碑 劉熊碑 張納功德叙

殺 山戛切 石經論語 孫叔敖碑陰 樊敏碑 武梁畫像碑

察 初戛切 帝堯碑 梁休碑 王純碑 夏承碑 唐扶頌

孔廟置卒史碑

札 側八切 孫叔敖碑

十五鎋

鎋 下瞎切 祝睦後碑

十六屑

屑 先結切 史晨饗孔廟碑 華山亭碑

切 千結切 東海廟碑 郎中郭君碑

竊 孔彪碑

節 子結切 魏尊號奏碑 脩孔廟後碑 北海相景君碑 李翊碑 劉熊碑陰

吳仲山碑 戚伯著碑 魯峻碑 老子銘

截 昨結切 費鳳碑 楊君斜谷碑 燕然銘

鐵 他結切 鐵 羊竇道碑

耊 徒結切 耊 高彪碑

經 經 高頤碑

跌 跌 綏民尉熊君碑

迭 迭 靈臺碑 迭 綏民尉熊君碑

涅 乃結切 涅 魏尊號奏碑 涅 楊震碑陰 涅 州輔碑

頡 奚結切 頡 華山廟碑

挈 詰結切 挈 魏受禪表

結 吉屑切 結 袁良碑

絜 絜 石經論語 絜 唐扶頌 絜 費鳳碑 絜 華山亭碑 絜 夏承碑

絜 費鳳碑陰 絜 桐柏廟碑 絜 校官碑 絜 夏堪碑

齧 倪結切 齧 唐公房碑

穴 胡決切 穴 費鳳碑陰

血 呼決切 血 靈臺碑 血 魏大饗碑

闋 苦穴切 闋 孫根碑

玦 古穴切 玦 孫叔敖碑

譎 譎 費鳳碑

決 決 賜馮煥詔 決 周憬功勳銘 決 樊毅脩華嶽碑 決 張納碑陰

蔑 莫結切 蔑 鄭固碑 蔑 繁陽令楊君碑

十七薛

薛 私列切 薛 孔從事碑 薛 孔廟禮器碑 薛 平輿令薛君碑 薛 韓勑碑陰 薛 繁陽楊君碑陰

紲 紲 張納功德叙

泄 亦作渫 泄 衡方碑 泄 樊安碑 渫 殽阬君碑

雪 蘇絶切 雪 李翕坂碑 雪 樊毅復民租碑 雪 夏堪碑

絶 徂雪切 絶 石經尚書 絶 繁陽令楊君碑 絶 張納功德叙 絶 楊君斜谷碑 絶 鄐閣頌

絶 李翊碑 絶 老子銘 絶 東海廟碑 絶 北海相景君碑 𢇍 袁良碑 𢇍 苑鎮碑

設 式列切 設 北海相景君碑 設 孔宙碑 設 李翊夫人碑 設 劉熊碑 設 李翕西狹頌

折 之列切 折 鄭烈碑 折 張表碑

舌 食列切 舌 樊安碑

說 輸爇切 說 石經論語 說 劉熊碑

焫 儒列切 焫 楊君斜谷碑

哲 陟列切 哲 白石神君碑 哲 郎中郭君碑 哲 北海相景君碑 哲 楊著碑 哲 丁魴碑

括 桐柏廟碑 括 元賓碑 括 逢盛碑

喆 喆 袁良碑 喆 朱龜碑 喆 陳寔殘碑

徹 敕列切 徹 義井碑陰

列 力蘖切 列 孫根碑 列 戚伯著碑 列 夏承碑 列 劉熊碑 列 綏民尉熊君碑

烈 烈 周公禮殿記 烈 孫根碑 烈 繁陽楊君碑陰 烈 張表碑

裂 裂 費鳳碑陰

輟 株劣切 輟 石經論語 輟 朱龜碑

悅 欲雪切 悅 孟郁修堯廟碑 悅 郭輔碑 悅 李翕西狹頌 悅 劉熊碑 悅 桐柏廟碑

悅 (楊統碑) 悅 (楊君斜谷碑) 悅 (李翕坂碑)

烕 (許劣切) 烕 (靈臺碑)

鈌 (傾雪切) 鈌 (吴仲山碑)

傑 (巨列切) 傑 (劉寬碑陰)

桀 桀 (是邦雄桀碑) 桀 (周公禮殿記) 桀 (武梁畫像碑)

孽 (魚列切) 孽 (劉寬後碑) 孽 (魏大饗碑) 孽 (是邦雄桀碑)

滅 (忙列切) 滅 (魏石經左傳) 滅 (魏尊號奏碑) 滅 (楊統碑) 滅 (益州守無名碑)

別 (筆列切) 別 (石經論語) 別 (王君石路碑) 別 (費鳳碑陰) 別 (劉熊碑)

隸韻卷第九終

隸韻卷第十

入聲下

十八藥　十九鐸

二十陌　二十一麥

二十二昔　二十三錫

二十四職　二十五德

二十六緝　二十七合

二十八盍　二十九葉

三十帖　三十一業

三十二洽　三十三狎

三十四乏

十八藥

藥 弋約切　藥 唐公房碑

躍　躍 夏承碑

礿　礿 李翊夫人碑

爍　爍 魯峻碑

縛 伏約切　縛 李翕西狹頌　縛 任君殘碑陰

削 息約切　削 樊毅脩華嶽碑　削 孔彪碑

爵 即約切　爵 石經儀禮　爵 楊著碑　爵 史晨祠孔廟銘　爵 劉熊碑　爵 綏民尉熊君碑

爵 夏承碑　爵 婁壽碑

皭 疾雀切 皭 孔彪碑

嚼 嚼 唐扶頌

鑠 式灼切 鑠 馬江碑 鑠 楊統碑 鑠 費汎碑 鑠 劉熊碑

爍 爍 燕然銘

灼 職略切 灼 白石神君碑 旳 魯峻碑

勺 勺 劉寬碑陰

酌 酌 楊震碑 酌 衷良碑

綽 尺約切 綽 郭輔碑 綽 魯峻碑

杓 實若切 杓 楊君斜谷碑

弱 日灼切 弱 唐扶頌 弱 校官碑 弱 羊竇道碑 弱 北海相景君碑 弱 周憬功勳銘

若 若 石經論語 若 李翕坂碑 若 唐扶頌 若 楊君斜谷碑 若 孟郁脩堯廟碑

若 夏承碑 若 繁陽令楊君碑 若 楊著碑

著 直略切 着 綏民尉熊君碑

略 力灼切 略 秦頡碑 略 桐柏廟碑 略 戚伯著碑

却 乞約切 郤 王純碑

約 乙却切 約 郙閣頌 約 李翕西狹頌 約 吳仲山碑 約 戚伯著碑 約 綏民尉熊君碑

約 李翊碑 約 劉熊碑 約 夏承碑 約 楊淮碑 約 譙敏碑 約 陳度碑

約 張納功德敘

虐 逆約切 虐 魯峻碑 虐 楊君斜谷碑 虐 費鳳碑 虐 孫根碑

瘧 瘧 樊敏碑

十九鐸

鐸 達各切 鐸 衡方碑

度 度 太僕荀君碑陰 度 老子銘

託 撻各切 託 横海呂將軍碑 託 孔彪碑 託 劉寬碑 託 李翊碑

橐 橐 逢盛碑

拓 拓 費鳳碑陰 拓 燕然銘

袥 袥 桐栢廟碑

洛 歷各切 洛 楊震碑 洛 袁良碑

落 落 魯峻碑 落 馬江碑 落 朱龜碑

樂 樂 鄭三益碑 樂 孟郁脩堯廟碑 樂 魯峻碑 樂 老子銘

駱 駱 丁魴碑 駱 華山亭碑 駱 劉寬碑陰

雒 雒 石經尚書 雒 王稚子闕碑 雒 周憬功勳銘 雒 帝堯碑 雒 綏民尉熊君碑

諾 匿各切 諾 孔彪碑

博 伯各切 博 石經論語 博 李翕西狹頌 博 孫根碑 博 种君石虎刻

搏 搏 魏脩孔子廟碑 搏 張納功德敘

泊 白各切 泊 張表碑 泊 劉脩碑 泊 綏民尉熊君碑

薄 薄 張壽碑 薄 逢盛碑 薄 斥彰長碑 薄 樊毅脩華嶽碑 薄 老子銘

溥 華山亭碑

亳 亳 唐扶頌

莫 末各切 莫 劉熊碑 莫 羊竇道碑 莫 唐扶頌 莫 元賓碑 莫 周憬功勳銘

莫 李翊夫人碑 莫 唐公房碑 莫 楊統碑 莫 靈臺碑 莫 孟郁脩堯廟碑 莫 老子銘

幕 幕 州輔碑 幙 鄭固碑

漠 漠 婁壽碑

鏌 鏌 郭究碑

索 昔各切 索 魏大饗碑 索 王純碑陰

錯 七各切 錯 孔彪碑 錯 華山亭碑 錯 周憬功勳銘

作 即各切 作 石經尚書 作 魯峻碑 作 耿氏鐙字 作 江原長進德碣 作 孔耽神祠碑

作 北海相景君碑 作 綏民尉熊君碑 作 三公山碑 作 華山亭碑 作 陳寔殘碑

酢 疾各切 酢 孔宙碑

鑿 鑿 周公禮殿記 鑿 楊君斜谷碑 鑿 郙閣頌

鶴 曷各切 鶴 劉熊碑

貉 貉 唐扶頌

郝 黑各切 郝 觴豆碑陰 郝 王純碑陰

恪 克各切 恪 李翊碑 恪 帝堯碑 恪 張納功德叙 恪 樊安碑 恪 州輔碑

恪 楊震碑陰 恪 孔彪碑 恪 魯峻碑

各 葛鶴切 各 石經尚書 各 華山亭碑 各 堯廟碑側 各 袁良碑 各 唐扶

閣 閣 李翕西狹頌 閣 斜谷典匠題名 閣 何君閣道碑

惡 遏各切 惡 石經公羊 惡 楊君斜谷碑 惡 費鳳碑 惡 夏承碑 惡 北海相景君碑

惡 唐扶頌

諤 逆各切 諤 王政碑

愕 愕鄭固碑

鄂 鄂丁魴碑 鄂橫灣呂將軍碑 鄂楊淮碑 鄂費汎碑

鍔 鍔燕然銘

廓 苦鑊切 廓高彪碑 廓三公山碑 廓華山亭碑

郭 骨鑊切 郭劉寬碑陰 郭孔耽神祠碑 郭樊毅脩華嶽碑 郭費鳳碑陰 郭義井碑陰

二十陌

佰 莫白切 佰張表碑 佰丁魴

魄 匹陌切 魄李翊夫人碑

百 博陌切 百石經魯詩 百巴官鐵盆銘 百夏承碑 百何君閣道碑 百陳球碑陰

百 孔宙碑

伯 伯石經尚書 伯戚伯著碑 伯馮煥碑陰 伯劉寬碑陰 伯孔廟置卒史碑

迫 迫馬江碑 迫老子銘 迫唐扶頌 迫綏民尉熊君碑

柏 亦作栢 柏華山亭碑 柏桐柏廟碑 柏張表碑 栢孟郁脩堯廟碑

白 薄陌切 白唐扶頌 白五瑞碑 白費鳳碑陰

帛 帛衡方碑 帛劉熊碑 帛楊統碑陰 帛華山廟碑 帛柳敏碑

宅 直格切 宅衷良碑 宅孔廟禮器碑 宅苑鎮碑 宅孔從事碑

澤 澤衷良碑 澤唐扶頌 澤樊毅復民租碑 澤孫根碑 澤羊竇道碑

澤 楊君斜谷碑 澤孫叔敖碑

擇 擇魏尊號奏碑 擇張平子碑 擇靈臺碑

翟 翟劉寬碑陰

赫 郝格切 赫 孟郁脩堯廟碑 赫 孔廟置守廟吏碑 赫 郭仲奇碑 赫 孫根碑 赫 綏民尉熊君碑

赫 靈臺碑 赫 華山亭碑 赫 馬江碑

客 乞格切 客 靈臺碑陰 客 馮煥碑陰

格 各額切 格 楊君斜谷碑 格 桐栢廟碑

佫 佫 費鳳碑

額 鄂格切 額 唐扶頌

詻 詻 殽阬君碑

虢 郭獲切 虢 郭輔碑

索 色窄切 索 無極山碑 索 許彧夫人碑

窄 側格切 窄 樊毅脩華嶽碑 窄 華山亭碑

戟 訖逆切 戟 魏大饗碑

劇 竭戟切 劇 蘇衡等題名碑 劇 楊著碑 劇 北海景君碑陰

逆 仡戟切 逆 郙閣頌 逆 横海呂將軍碑 逆 樊毅脩華嶽碑

二十一麥

麥 莫獲切 麥 李翕西狹頌 麥 樊毅復民租碑

脈 脈 周憬功勳銘

眽 眽 唐扶頌

策 測格切 亦作筞 策 楊統碑 筞 蔡湛頌 策 夏承碑 策 劉寬碑

册 册 袁良碑 册 州輔碑 册 元賓碑 册 横海呂將軍碑

責 側革切 責 校官碑

嘖　嘖督郵斑碑

幘　幘武榮碑

覈下革切　覈劉熊碑　覈無極山碑

核　核北海相景君碑　核樊敏碑

隔各核切　隔樊敏碑　隔橫海呂將軍碑

革　革蔡湛頌　革唐扶頌　革楊統碑　革靈臺碑

戹乙革切　戹費鳳碑陰　戹唐公房碑

阸　阸侯成碑　阸李翕西狹頌

獲胡麥切　獲史晨祠孔廟銘　獲孫根碑　獲帝堯碑　獲魯相謁孔廟碑　獲樊毅脩華嶽碑　獲馮緄碑

畫　畫孟郁脩堯廟碑　畫逢盛碑　畫鄭三益碑　畫唐公房碑

馘古獲切　國斥彰長碑

二十二昔

昔思積切　昔李翊夫人碑　昔靈臺碑　昔帝堯碑　昔五瑞碑　昔魯峻碑

惜　惜楊統碑

磧七迹切　磧燕然銘

積資昔切　積北海相景君碑　積夏承碑　積楊君斜谷碑

迹亦作跡　迹益州守無名碑　迹唐扶頌　迹丁魴碑　跡王純碑　迹吳仲山碑　迹李翊碑　迹楊著碑　迹費鳳碑

蹟　蹟石經公羊

席 祥亦切
席 周公禮殿記
席 夏承碑
席 郭究碑

夕
夕 石經論語
夕 樊毅脩華嶽碑
夕 婁壽碑

穸
穸 北海相景君碑

籍 秦昔切
籍 劉熊碑
籍 孫根碑

瘠
瘠 樊毅脩華嶽碑

塉
塉 郙閣頌

釋 施隻切
釋 李翊碑
釋 王純碑
釋 費鳳碑陰

適
適 袁良碑
適 楊震碑陰
適 郭究碑

尺 昌石切
尺 元賓碑
尺 李君畄坂碑

赤
赤 樊毅脩華嶽碑
赤 孟郁脩堯廟碑
赤 史晨祠孔廟銘
赤 靈臺碑

斥
斥 陳球碑陰
斥 斥彰長碑

隻 之石切
隻 臨江長碑
隻 吳仲山碑

摭
摭 劉熊碑

炙
炙 武梁畫像碑

石 常隻切
石 石經公羊
石 孫根碑
石 老子銘
石 唐扶頌

祏
祏 梁休碑

碩
碩 費汎碑
碩 桐栢廟碑
碩 魯峻碑

擿 直炙切
擿 朱龜碑
擿 史晨祠孔廟銘
擿 蔡湛頌

益 伊昔切
益 石經論語
益 史晨祠孔廟銘
益 高頤闕碑
益 秦頡碑
益 唐公房碑陰

繹 夷益切
繹 綏民尉熊君碑

醳 醳郙閣頌 醳楊著碑 醳楊君斜谷碑 醳北海相景君碑

掖 掖孫叔敖碑 掖繁陽楊君碑陰 掖周憬功勳銘

亦 亦石經論語 亦孫叔敖碑陰 亦綏民尉熊君碑 亦周憬功勳銘

奕 奕丁魴碑 奕帝堯碑

弈 弈劉寬碑 弈劉衡碑

射 射費鳳碑

譯 譯孟郁脩堯廟碑

驛 驛靈臺碑 驛丁魴碑

液 液北嶽祠堂頌

易 易北海相景君碑 易靈臺碑 易羊竇道碑 易華山廟碑 易綏民尉熊君碑

蜴 蜴横海呂將軍碑

役 營隻切 役石經魯詩 役樊毅脩華嶽碑 役吳仲山碑

辟 必益切 辟石經尚書 辟夏承碑 辟李翊碑 辟馮緄碑 辟平都侯蔣君碑

辟 張納功德叙 辟周公禮殿記

壁 壁武梁畫像碑 壁華山亭碑 壁北海相景君碑 壁史晨祠孔廟銘 壁樊毅脩華嶽碑

碧 兵亦切 碧婁壽碑陰

二十三錫

錫 先的切 錫劉熊碑 錫孔彪碑 錫北海相景君碑 錫袁良碑 錫魏石經左傳

晳 晳魏受禪表 晳太僕荀君碑 晳郭禧碑

析 析孫根碑 析李翕西狹頌 析郙閣頌

戚 倉歷切
㦝 戚伯著碑
㦝 費鳳碑
㦝 楊統碑

慼
慼 夏承碑
慼 郭仲奇碑

績 則歷切
績 馮緄碑
績 孫根碑
績 苑鎮碑
績 周憬功勳銘
績 楊統碑

績 孫叔敖碑陰

寂 前歷切
寂 張納功德叙
寂 老子銘

惕 他歷切
惕 樊毅脩華嶽碑
惕 朱龜碑

剔
剔 張表碑

狄 亭歷切
狄 横海將軍碑
狄 魏受禪表

敵
敵 魏受禪表

迪
迪 石經尚書
迪 劉寬後碑
迪 楊統碑
迪 張納功德叙

覿
覿 袁良碑

歷 狼狄切
歷 孟郁脩堯廟碑
歷 楊君斜谷碑
歷 夏承碑
歷 柳敏碑
歷 靈臺碑

歷 楊著碑
歷 王君石路碑
歷 張表碑
歷 郭究碑

厤
厤 蔡湛頌
厤 苑鎮碑

酈
酈 桐柏廟碑

鬲
鬲 楊君斜谷碑

惄 乃歷切
惄 楊統碑

溺
溺 婁壽碑
溺 金恭碑

激 吉歷切
激 鄭烈碑
激 郙閣頌
激 仲定碑

擊
擊 石經論語
擊 元賓碑
擊 張表碑
擊 孔彪碑
擊 [illegible]

二十四職

職 質力切 職 魯峻碑 職 袁良碑 職 横海呂將軍碑 職 樊毅脩華嶽碑 職 張納功德叙

職 張表碑

織 織 魏元丕碑

識 設職切 識 樊毅脩華嶽碑 識 張平子碑 識 鄭烈碑 識 楊君斜谷碑

飾 飾 魏大饗碑 飾 樊毅脩華嶽碑

式 式 朱龜碑 式 費鳳碑陰 式 綏民尉熊君碑

拭 拭 孫叔敖碑

寔 丞職切 寔 園令趙君碑 寔 劉熊碑 寔 校官碑 寔 北海相景君碑 寔 張納功德叙

寔 陳寔殘碑 寔 苑鎮碑 寔 華山亭碑

殖 殖 陳度碑 殖 孟郁脩堯廟碑 殖 劉熊碑陰 殖 孫叔敖碑 殖 樊毅脩華嶽碑

植 植 劉寬碑陰

食 實職切 食 石經魯詩 食 史晨祠孔廟銘 食 吳仲山碑 食 張納功德叙 食 桐柏廟碑

側 札色切 側 張平子碑 側 郯令景君闕銘 側 桐柏廟碑

昃 昃 樊毅復民租碑

色 殺側切 色 石經論語 色 吳仲山碑 色 費鳳碑陰 色 陳寔壇碑

嗇 嗇 靈臺碑 嗇 侯鉦銘字

穡 穡 樊毅脩華嶽碑 穡 費汎碑 穡 三公山碑

測 察色切 測 校官碑 測 李翕西狹頌 測 袁良碑 測 孟郁脩堯廟碑

惻 惻 孔彪碑 惻 孫根碑 惻 王純碑 惻 費鳳碑 惻 孔耽神祠碑

息 悉即切 息 樊敏碑 息 桐柏廟碑 息 費鳳碑 息 張納功德叙 息 周憬功勳銘

息 李翕狹頌 息 史晨祠孔廟銘 息 東海廟碑 息 老子銘

即 節力切 即 石經尚書 即 華山亭碑 即 橫海呂將軍碑 即 孔廟置卒史碑 即 元賓碑

稷 稷 張表碑 稷 孫叔敖碑 稷 史晨祠孔廟銘 稷 綏民尉熊君碑

陟 竹力切 陟 魏尊號奏碑 陟 孔宙碑 陟 張表碑 陟 桐柏廟碑 陟 雍勸闕碑

陟 唐公房碑

稙 稙 李翕狹頌

敕 畜力切 勅 楊著碑 勅 繁陽楊君碑陰 勅 王純碑 勅 孔廟禮器碑 勅 李翕狹頌

飭 飭 楊君斜谷碑 飭 柳敏碑 飭 劉熊碑陰 飭 桐柏廟碑

直 逐力切 直 石經尚書 直 老子銘 直 李翕狹頌 直 楊統碑 直 劉熊碑陰

直 周公禮殿記

植 植 繁陽令楊君碑

力 六直切 力 樊安碑 力 靈臺碑

匿 昵力切 匿 吳仲山碑 匿 費鳳碑陰 匿 老子銘 匿 孫根碑

弋 逸織切 弋 劉寬碑陰 弋 應酬題名碑

翼 翼 孟郁脩堯廟碑 翼 魏尊號奏碑 翼 郭仲奇碑 翼 校官碑

翊 翊 孫叔敖碑陰 翊 楊著碑陰 翊 李翊碑 翊 燕然銘

億 乙力切 億 楊君斜谷碑 億 李翕狹頌 億 楊統碑 億 孔宙碑 億 繁陽令楊君碑

憶 桐柏廟碑 憶 樊毅脩華嶽碑

抑 抑 孫根碑 抑 魏尊號奏碑 抑 唐扶頌 抑 李翕狹頌

極 竭憶切　極 石經尚書　極 孟郁脩堯廟碑　極 楊君斜谷碑　極 王元賓碑　極 桐栢廟碑

極 靈臺碑　極 斥彰長碑　極 孔廟置卒史碑　極 楊震碑　極 劉熊碑　極 綏民尉熊君碑

域 越逼切　域 唐公房碑　域 楊君斜谷碑　域 孟郁脩堯廟碑　域 燕然銘　域 脩孔廟後碑

域 富春丞張君碑

棫　棫 魏受禪表

閾　閾 孔宙碑　閾 費鳳碑

逼 筆力切　逼 桐栢廟碑　逼 華山亭碑

二十五德

德 的則切　德 石經論語　德 孔宙碑　德 校官碑　德 唐扶頌　德 江原長進德碣

德 陳寔殘碑　德 靈臺碑　德 夏承碑　德 祝睦碑　德 楊著碑　德 李君西坂碑

德 馮緄碑　悳 袁良碑　悳 老子銘　悳 北海相景君碑　德 尉氏鄭君碑陰

悳　悳 鄭固碑

得　得 石經論語　得 羊竇道碑　得 王君石路碑　得 李翊碑　得 孔耽碑後字

忒 惕德切　忒 帝堯碑　忒 張表碑

慝　慝 袁良碑　慝 太僕荀君碑

特 敵德切　特 楊著碑　特 帝堯碑　特 楊君斜谷碑　特 戚伯著碑

蟘　蟘 唐公房碑

勒 歷德切　勒 楊著碑　勒 柳敏碑　勒 夏承碑　勒 楊君斜谷碑　勒 綏民尉熊君碑

勒 臨江長碑　勒 李君西坂碑　勒 周憬功勳銘　勒 孔宙碑　勒 楊統碑

北 必墨切　北 高頤闕碑　北 楊君斜谷碑　北 交阯沈君神道　北 殽阬君碑陰

踣 蒲墨切 〔踣〕殽阬君碑

墨 密北切 〔墨〕劉熊碑陰 〔墨〕戚伯著碑 〔墨〕孫叔敖碑

默 〔默〕劉寬碑 〔默〕費汎碑

塞 悉則切 〔塞〕孫根碑

則 即得切 〔則〕石經尚書 〔則〕夏承碑 〔則〕袁良碑 〔則〕李翕坂碑 〔則〕蔡湛頌

劾 紇得切 〔劾〕梁休碑

黑 迄得切 〔黑〕史晨祠孔廟銘 〔黑〕唐扶頌

克 乞得切 〔克〕周公禮殿記 〔克〕逢盛碑 〔克〕夏承碑 〔克〕劉脩碑 〔克〕李翕西狹頌

克 樊毅脩華嶽碑 〔克〕繁陽令楊君碑 〔克〕楊統碑 〔克〕李翊碑

賊 疾則切 〔賊〕張納碑陰 〔賊〕孔彪碑 〔賊〕宋恩等題名碑

剋 〔剋〕衡方碑

刻 〔刻〕石經論語 〔刻〕華山亭碑 〔刻〕李翕西狹頌 〔刻〕劉熊碑 〔刻〕孫叔敖碑

或 獲北切 〔或〕帝堯碑 〔或〕郙閣頌 〔或〕樊毅復民租碑 〔或〕北海相景君碑 〔或〕老子銘

惑 〔惑〕綏民尉熊君碑 〔惑〕郭究碑

國 骨或切 〔國〕石經論語 〔國〕周公禮殿記 〔國〕戚伯著碑 〔國〕劉寬碑陰 〔國〕綏民尉熊君碑

〔國〕魯峻碑 〔國〕祝睦碑 〔國〕漢鏡銘

二十六緝

緝 七入切 〔緝〕逢盛碑 〔緝〕魏脩孔子廟碑 〔緝〕孔宙碑 〔緝〕燕然銘 〔緝〕劉寬後碑

習 席入切 〔習〕唐扶頌 〔習〕孫根碑 〔習〕劉熊碑

襲 〔襲〕費鳳碑陰 〔襲〕戚伯著碑 〔襲〕太陽高君碑 〔襲〕樊毅脩華嶽碑 〔襲〕唐扶頌

龖 魏受禪表

集 籍入切　集 大饗記殘碑　集 繁陽令楊君碑　集 侯成碑　集 孟郁脩堯廟碑

輯　輯 巢州郭從事碑

濕 失入切　濕 蘇衡等題名碑　濕 韓勑碑陰　濕 孫叔敖碑　濕 孔從事碑

執 質入切　執 石經論語　執 夏承碑　執 侯成碑　執 楊君斜谷碑　執 綏民尉熊君碑

執 衷良碑　執 桐柏廟碑　執 史晨祠孔廟銘　執 費鳳碑

汁　汁 史晨祠孔廟銘

十 寔入切　十 孫根碑　十 巴官鐵盆銘　十 夏承碑

拾　拾 楊君斜谷碑　拾 孔彪碑　拾 三公山碑

入 日執切　入 石經論語　入 魏元丕碑　入 張表碑

吸 訖及切　吸 老子銘　吸 劉脩碑

翕　翕 石經尚書　翕 西狹頌

闟　闟 孟郁脩堯廟碑

泣 乞及切　泣 費鳳碑　泣 侯成碑　泣 夏承碑　泣 吳仲山碑

急 訖立切　急 唐公房碑

澀 色入切　澀 楊君斜谷碑

戢 側立切　戢 張平子碑　戢 魏元丕碑　戢 樊敏碑

立 力入切　立 石經論語　立 北海相景君碑　立 靈臺碑　立 劉寬碑陰　立 張納功德敘

立 孫根碑

揖 一入切　揖 張平子碑　揖 魏脩孔子廟碑　揖 劉熊碑陰

給 孔龢置卒史碑 郙閣頌 孔從事碑

級 馮緄碑

汲 劉寬碑陰 孟郁脩堯廟碑 校官碑 靈臺碑

及 極入切 石經尚書 吳仲山碑 孔宙碑 周憬功勳銘 老子銘

及 帝堯碑

邑 乙及切 石經公羊 費鳳碑 橫海呂將軍碑 李翊碑 周憬功勳銘

邑 侯成碑 樊敏碑 孔廟禮器碑 樊安碑 劉寬後碑

浥 周憬功勳銘

悒 郭究碑

挹 州輔碑

二十七合

合 曷閤切 周公禮殿記 老子銘

郃 帝堯碑 劉熊碑陰

袷 譙敏碑

閤 葛合切 張納功德叙 司空孔君碑

颯 悉合切 孔耽碑後序 斥彰長碑

帀 作荅切 孟郁脩堯廟碑 無極山碑

雜 昨合切 劉寬碑 孔龢置卒史碑 袁良碑

荅 得合切 陳球後碑 楊君斜谷碑

畣 樊毅脩華嶽碑

漯 託合切 漯 郙閣頌

蹹 達合切 蹹 魏大饗碑

遝 遝 石經公羊 遝 劉寬碑 遝 陳球後碑

納 諾荅切 納 侯成碑 納 張納功德敘

二十八盍

盍 轄臘切 盍 石經論語

闔 闔 唐公房碑 闔 張納功德敘 闔 孫根碑

㬙 託盍切 㬙 繁陽楊君碑陰

二十九葉

葉 弋鞢切 葉 劉寬碑 葉 華山亭碑 葉 王元賓碑 葉 李翊夫人碑 葉 夏承碑

葉 樊安碑 葉 逢盛碑

饁 域輒切 饁 孔宙碑 饁 三公山碑

接 即涉切 接 劉熊碑 接 郙閣頌 接 太僕荀君碑陰 接 吳仲山碑

楫 楫 劉寬碑陰 楫 應酬題名碑 楫 周憬功勳銘

捷 疾葉切 捷 張納功德敘

攝 失涉切 攝 唐公房碑 攝 賜馮煥詔 攝 周憬功勳銘

讋 質涉切 讋 魏大饗碑

懾 亦作慴 懾 帝堯碑 慴 張納功德敘

涉 實攝切 涉 費鳳碑陰 涉 繁陽令楊君碑 涉 周憬功勳銘 涉 李翕西狹頌 涉 夏堪碑

輒 陟涉切 輒 帝堯碑 輒 無極山碑 輒 史晨祠孔廟銘 輒 華山廟碑

聶 昵輒切 聶 劉寬碑陰 聶 周憬功勳銘 聶 楊著碑陰

躡 躡 唐公房碑

三十帖

牒 達協切 牒 孔廟置卒史碑 牒 羊竇道碑

諜 諜 孟郁脩堯廟碑

疊 疊 唐扶頌 疊 孔廟置卒史碑

墊 墊 張納碑陰

協 檄頰切 協 太僕荀君碑 協 綦湛頌 協 孟郁脩堯廟碑 協 劉熊碑

俠 俠 華山亭碑 俠 王君石路碑

燮 悉協切 燮 劉寬碑陰 燮 是邦雄桀碑

三十一業

業 逆怯切 業 張納功德叙 業 帝堯碑 業 馬江碑 業 唐扶頌 業 鄭令景君闕銘

業 鄭固碑

鄴 鄴 譙敏碑

三十二洽

洽 胡夾切 洽 太僕荀君碑 洽 楊著碑 洽 張納碑陰

陜 亦作狹 陜 華山亭碑 狹 魏尊號奏碑 狹 李翕西狹頌 狹 桐柏廟碑 狹 樊毅脩華嶽碑

夾 訖洽切 夾 魏大饗碑 夾 劉曜碑

郟 郟 唐扶頌

三十三狎

狎 轄甲切 狎 太僕荀君碑

柙 柙 李翕西狹頌

甲 古狎切 甲 三公山碑 甲 華山廟碑

三十四乏

乏 扶法切 乏 孫叔敖碑

法 弗乏切 法 張壽碑 法 孔廟禮器碑 法 東海廟碑 法 老子銘

灋 灋 華山亭碑 灋 無極山碑

隸韻卷第十終

御前應奉沈亨刊

碑目攷證

鄭三益碑 建元元年

按當作鄭三益闕銘金石錄作武帝建元二年

郫縣五官碑 元□元年

按隸續作建平郫縣碑碑文云建平五年六月本書作元□元年元字下當是壽字洪适云建平者哀帝之紀年其五年已改爲元壽此云五年者與周公禮殿碑相類殆蜀道未知改元耳

蜀郡太守何君閣道碑 中平二年

按中平靈帝年號當從隸釋作中元二年

會稽東郡路君石闕銘

按東郡金石錄作東部前漢書地理志會稽有西部南部都尉則郡爲部字之誤無疑

張偉伯穿中記

按即隸釋張賓公妻穿中二柱文

鐵盆銘 永建五年

按永建五年黃山谷集及隸續皆作永平七年

陳君治道碑

按隸續作漢安長陳君閣道碑

費亭侯曹騰碑陰 建和元年

按酈道元水經注云延熹三年立

平都侯相蔣君碑 元嘉二年

按隸釋云蔣君以元嘉二年卒其文有云禮畢祥除瞻望墳塋則此碑乃後來所立漢隸字原作永興元年不知所據

郎中王政碑

按隸續云政以元嘉三年正月卒門徒士夫相與立此石攷元嘉三年即永興元年洪書元嘉

似誤

真道冢碑

按隸續作真道冢地記

臨江長碑

按歐趙諸家俱不著錄

司空孔君碑

按即隸續司空孔扶碑

劉君閣道題字

按隸釋作劉讓閣道題字

緜竹令王君碑

按隸釋作緜竹令王君神道

堵陽長劉君碑

按隸釋作堵陽長劉子山斷碑

宕渠令柳敏碑

按隸釋作孝廉柳敏碑

劉脩碑

按隸釋作慎令劉脩碑

李君西坂碑

按歐趙諸家俱不著錄

李翕析里橋郙閣頌 熹平元年

按碑文作建寧五年是歲五月改元立碑時當

在五月之前

廷尉仲君碑

按金石錄作廷尉仲定碑

先生婁壽碑 熹平□年

按隸釋作元儒先生婁壽碑云熹平三年

司隸校尉楊淮碑 熹平四年

按即司隸校尉楊淮表紀碑文立於熹平二年

二月本書作四年誤

沇子琚縣竹江堰碑

按隸釋作廣漢太守沇子琚縣竹江堰碑

費鳳碑陰

按隸釋云此費鳳別碑費氏父子三碑今並立於吳興校官之壁不知者指此爲碑陰

漢石經 光和六年

按范史及各書皆云熹平四年立本書作光和六年誤

幽州刺史朱龜碑 中平元年

按金石録作光和六年隸釋字原並作中平二年今碑文殘缺無年月可攷

冀州郭從事碑 靈帝光和三年 按郭從事碑以下原本碑目殘缺故詳補于後

按隸續作冀州從事郭君碑

義井碑陰 光和三年

按隸釋作舜子巷義井碑陰

孔耽碑後字 光和五年

按孔耽碑見本書碑目碑後字見洪适隸釋云有子得述父之句則是孔君自作壽藏而厥子刊石據此則碑後字亦刻於同時也

秦頡碑 中平三年

按隸釋作南陽太守秦頡碑

陳度碑 中平四年

小黃門譙敏碑 中平四年

趙相劉衡碑 中平四年

巴郡太守張府君功德叙 中平五年

按隸釋作巴郡太守張納功德叙

張納碑陰

陳仲弓碑 中平五年

陳仲弓壇碑

按陳仲弓壇碑見趙明誠金石録隸釋作太邱長陳寔壇碑兩書皆不著年月姑附於陳仲弓碑之後

圉令趙君碑 獻帝初平元年

周公禮殿記 初平五年

按隸釋作益州太守高眹修周公禮殿記云獻帝初平五年正月朔已改元興平矣此碑書九月事尚用初平者天下方亂道路擁隔置郵到蜀稽晚也

巴郡太守樊君碑 建安十年

按隸釋作巴郡太守樊敏碑

高頤碑 建安十四年

按隸釋作益州太守高頤碑

高頤闕碑 建安十四年

按高頤二闕隸釋不著年月婁機漢隸字原云建安十四年立

綏民尉熊君碑 建安二十一年

按隸釋作綏民校尉熊君碑

戚伯著碑 以下漢刻無年代可攷

按隸釋云世祖建武三年章帝章和元年威宗建和元年獻帝建安十二年皆丁亥也碑有太歲丁亥字當是建武或章和年所刻者

麟鳳碑

按隸釋所載有二碑一無年月一爲永建元年立像下有贊碑陰記文共百有餘字本書所載祗一麒字不知何碑

太尉楊震碑

太尉楊震碑陰

按漢隸字原碑目震以延光三年卒此碑乃震孫沛相統門人陳熾等所立蓋在建寧以後也

執金吾丞武榮碑

按漢隸字原碑目碑云遭威帝大憂戚哀隕而亡當在靈帝時也或云在建寧時其説不可信

董恢闕

按當作不其令董恢闕隸釋云恢孝靈時人

袁良碑

按隸釋作國三老袁良碑云良以順帝永建六年卒其孫衛尉滂立此石滂以光和年爲相其作九卿當在靈帝之初

許彧夫人碑

按漢隸字原司農劉夫人碑漢太尉許彧之室也碑之立在光和之前吳處厚青箱雜記作許馘隸續亦作許馘云范紀光和四年馘以衛尉代劉寬爲太尉漢書馘字作馘或碑文彧字乃馘字之省文耳然碑石已亡無從攷證

銅雀瓦銘

銅臺瓦銘

按魏武帝作銅雀臺在建安十五年本書銅雀瓦載一安字銅臺瓦載一建字疑是建安時物或銅臺瓦銘銅字下脱一雀字耳

酸棗令劉熊碑

酸棗令劉熊碑陰

浚儀令衡立碑

光祿勲劉曜碑

荆州從事苑鎮碑

富春丞張君碑

司空殘碑

魯相謁孔子廟碑

按隸釋作魯相謁孔廟殘碑

相府小史夏堪碑

督郵班碑

費氾碑

按隸釋作梁相費氾碑

任君殘碑陰

楊宗墓道碑

按趙明誠金石錄作益州太守楊宗墓闕銘

四老神祚机碑 祚當作胙

按隸釋作四老神坐祚机碑

中山相薛君碑

按隸續云漢故益州刺史中山相薛君巴郡太守宗正卿成平侯劉君碑碑文有祭死者及薛劉征討字殆是紀述平寇之事趙氏誤以爲墓刻故云古無兩人共立一碑

金鄉長薛君碑

按金石錄作金鄉長薛君頌

楊著碑

按隸釋作高陽令楊著碑

楊著碑陰

唐公房碑

按當作仙人唐公房碑

唐公房碑陰

處士嚴發碑

嚴發殘碑
金恭碑
按隸釋作處士金恭闕
金恭闕
龐公神道
按即隸續所載涪陵太守龐厷神道公疑厷字之誤也

中部碑
張君墓道碑
按隸釋作清河相張君墓道
是邦雄傑碑
郎中郭君碑
韋氏神道碑
仲秋下旬碑

汝南令碑
按即隸續所載汝南上蔡令神道
高直闕碑
益州城垻碑
司馬孟臺神道
按隸釋作上庸長司馬孟臺神道
應酬題名碑

按隸釋作故吏應酬殘題名
征南劉君神道
按隸續作征南將軍劉君神道
司馬季德碑
按隸續作防東尉司馬季德碑
宋恩等題名碑
按隸釋作學師宋恩等題名云歐陽公以爲漢

文翁學生題名非也

蘇衡等題名碑

按隸釋作平原東郡門生蘇衡等題名

宗季方題名碑

按隸續作龍門禹廟宗季方題名

詔賜功臣家字

公乘伯喬題名

李翊夫人碑

張元題名碑

按疑即漢隸字原所載張元殘碑

劉君碑

巴相碑

永陽高君碑

孔廟後碑題名

無名碑題名

豆觴碑陰

斜谷典匠題名

按以上七碑歐陽修集古錄歐陽棐集古目錄趙明誠金石錄洪适隸釋隸續婁機漢隸字原漢隸分韻皆不著錄

漢鏡銘

按即隸續所載騶氏鏡銘

漢磚銘

器物銘

按宋人以銅器拓本勒石彚爲一帙題曰器物銘見金石錄本書所載即此帖也

魏大饗碑 魏文帝延康元年

魏尊號奏碑 延康元年

按隸釋作魏公卿上尊號奏

魏受禪表 黃初元年

魏修孔子廟碑 黃初元年

橫海呂將軍碑 黃初二年

按隸釋作橫海將軍呂君碑

魏修老子廟詔 黃初三年

按隸續作魏下豫州刺史修老子廟詔

魏大饗記殘碑 黃初三年

范式碑 明帝青龍三年

太僕荀君碑 廢帝正始五年

太僕荀君碑陰

膠水令王君廟門碑 以下魏刻無年代可攷

按隸續作膠東令王君廟門斷碑碑文云黃初中卒

甄后識坐函

按隸續作甄皇后識坐版函云此乃明帝時所刻者

石經左傳

按隸續作三體石經左傳遺字云刻於正始中

郭輔碑

按隸釋作先生郭輔碑碑無年月時代歐陽以

爲漢趙以爲魏晉今碑有兩昭字晉人所諱疑此是魏刻

趙相雍府君闕碑

按隸釋云漢故趙國相雝府君之闕全類魏晉間所書劉備及劉淵國中所刻碑亦題爲漢存於今如車騎將軍闕成獻王碑是也

梁休碑

按隸續作司徒掾梁休碑碑錄云建安二十七年立此黃武前一年也豈吳人尚用漢歷乎否則誤字也

北嶽祠堂頌 晉武帝泰始六年

右將軍鄭烈碑 太康四年

張平子碑 穆帝永和四年

按水經注及隸釋皆不著年代惟漢隸字原云

永和四年立

按殘本碑目首行云漢碑年號見本碑一百七十七今祇有一百六十種缺十七種取本書中所引之碑有年代而碑目缺者自冀州郭從事碑至綏民尉熊君碑共一十七種適符一百七十七之數蓋仿趙明誠金石錄例漢碑有年代者爲一類無年代者爲一類今將所引碑目合

漢魏晉都爲一卷統計二百六十一種存於今者王稚子闕北海相景君碑景君碑陰長史武班碑楊君斜谷碑武梁祠堂畫像孔廟置守廟百石孔龢碑孔謙碣韓勑造孔廟禮器碑禮器碑陰鄭固碑孔宙碑孔宙碑陰竹邑侯張壽碑衛尉衡方碑史晨祠孔廟銘史晨饗孔廟後碑李翕西狹頌李翕黽池五瑞碑呂國等題名博

陵太守孔彪碑孔彪碑陰李翕析里橋郙閣頌魯峻碑魯峻碑陰司隸校尉楊淮碑溧陽長潘校官碑蔡邕石經尚書石經魯詩石經儀禮石經論語石經公羊白石神君碑尉氏令鄭君碑鄭君碑陰圉令趙君碑麟鳳碑執金吾丞武榮碑仙人唐公房碑公乘伯喬題名騶氏鏡銘魏大饗碑魏公卿上尊號奏受禪碑修孔子廟碑

范式碑膠東令王君石闕四十七通石已亡而重刻者桐栢淮源廟碑淳于長夏承碑成陽靈臺碑靈臺碑陰四通石已亡而有舊拓本者西嶽華山廟碑婁壽碑婁壽碑陰幽州刺史朱龜碑小黃門譙敏碑巴郡太守樊敏碑酸棗令劉熊碑七通自南宋迄今僅四百餘年而古刻之存於世者較劉球所見之本已不及四分之一墨寶貞珉日就湮沒毋怪歐趙洪婁諸公之惓惓於此也

秣陵陶士立慎齋摹　上元柏志高刊

隸韻攷證卷上

大興　翁方綱

上平聲

一東

韓勑碑陰東字頂上一點不至如此太斜中間左直之起處不如此太曲下二筆非如此圜注

婁壽碑蓬字右上小捺不如此出波尖凡一字之內上下有似右捺放出者皆無上下二筆同用出波之

理此書內類此者不可枚舉今略言其一二而已其餘可類推耳

費鳳碑蓬字右上廾頭連下夂之起二筆以婁氏字原證之知劉氏此刻原本初不誤也葢重刻時鐫工之失

史晨碑孔廟銘蒙字內小横之上無此二小直筆未知何由多出

稷字下辛字造僞碑靈臺碑凡二字發此二碑皆[illegible]稷日稷即日昃也此乃誤以爲平聲祖紅切謬矣此條一楷二隸皆刪

景君碑忠字下內一點非內向

鄭固碑忠字前後再見其前一忠字上是方口其後一忠字是圓圈用篆勢此碑之字每以篆法參入隸也劉氏此刻專取其後用篆勢者不必改方口亦可愚謂漢碑中有一字前後數見者如有異勢自應並載之以俟學者採擇但婁氏字原沿其圓勢而誤爲斜角之形則謬矣至近日顧氏隸辨

則專採其前方口者此碑後半中段久湮至乾隆四十三年始出土則顧南原未之見耳

婁氏武梁祠畫像碑祝誦氏以誦爲融按史氏學齋佔畢以祝誦爲沮誦與洪釋之說不同婁氏即据洪釋亦止以資攷異可耳豈宜竟以誦爲融乎附識於此

三鍾

孔宙碑恭字下小左點作向右迴彎右二點向左迴

彎不知此書何以忽誤作兩邊四個圓圈之形以致
婁氏字原亦沿之此書之謬莫有甚於此者
魏大饗碑匈字此書謂即曾不知此碑云匈奴單于
豈得誤爲曾乎此條應删
孔宙碑雝字内邕巛下誤多一横口下弓誤作号
婁氏字原蹤字引郭仲奇碑魯峻碑皆以縱爲蹤
而援漢書蕭何傳發縱指示句不知蕭何傳顔師
古注已駁正矣豈其讀漢書而不知顔注耶二碑
以縱爲蹤固不必疑而蕭何傳所不當引姑附記
於此

五支

鄭烈碑馳字婁氏字原右邊也上左筆起處另自一
小撇不與下長彎相連此可以證劉刻之誤也劉刻
益本不誤其上起處似一小撇甚微轉嫌婁刻過於
放長耳然劉本今已被工匠重鐫竟似與長彎連下
矣若非字原竟莫之省也字原亦竟有裨益處

字原云孫叔敖碑技即祇字集韻音示蓋借用按
孫碑見技首蛇爾雅枳首蛇謂有兩首技不端也
此條因集韻而謂技即祇字集韻同音之字此類
甚多豈可牽合謂即祇字乎附記於此
字原李翊夫人碑虧即戲字按李翊夫人碑於戲
夫人不當入支韻戲字下也附記於此
隨字條下婁氏字原增入隋字云殽阬君神祠碑
其祀隋廢集韻隨文帝省隨之辶以爲代號而史
傳已多假借用此字按殽阬神祠碑自是隳廢之
隳非隨也不當誤引又按婁氏字原每條下多沿
劉氏此書爲之或又增數字於後有沿而誤者有
增而誤者今皆附記於此

六脂

史晨祠孔廟銘雖字顧氏隸辨改正字原之誤似有
所見然字原因劉刻而致誤耳此碑雖字左半正在
石泐處存攷可矣

梨至犂凡楷書四條隸六字皆應在十二齊部内藜字之下

婁壽碑徲字即栖遲之遲又作遟遟又作迡迡又作徲也不應特出徲字信此刻是坊賈輩所爲耳

校官碑畀字借作俾字當入俾字下非尊畀畀字也或謂是畀字亦非

禮器碑彊字右半内下双其上彎折處稍多出

武梁祠像碑祇右邊中横之末上有小點而其末筆不如此放長波此書内凡遇此碑字多失在放尖太過此碑本漢隸之極細者故不甚有出波之地

王純碑麋是縻字不應入縻下此洪文惠所已言者

七之

孔宙碑熙字左邊内下一轉筆誤横穿内右邊己中間開口處誤多向上半直

婁壽碑嶷字下半左矣右足皆誤

八微

楊淮碑歸字左𠂤之上誤多一横畫

九魚

楊君斜谷碑於字數見其作於者上一點與下半長彎不連其作才者亦與後人楷勢不同此所摹竟似後人楷書矣

唐公房碑居字下口是方非圓石本極明白不知何以致誤字原改正是

禮器碑胥字中間横畫之上誤多出一小直

武梁畫像碑初字左衣之内原石是一小直其末微帶起似横而非横亦非另起也此作中間另出一小横筆失之字原亦沿此誤

十虞

魯峻碑娛字右口之上左右皆無穿過頂上之筆此誤

石經尚書無字左頂一撇竟作後人楷勢矣石經尚書拓本固無全帙以予所見洪範無有涅朋實不如

此此未可据

魯峻碑毋字此採入毋字下按魯峻碑未有禁止詞之毋字也此是遭母喪之母字不應謬誤至此

魯峻碑偭字右下卄是穿上之筆此摹誤

十一模

孔宙碑陰盧字頂上直筆微有欲穿下意方合虍頭之勢此摹竟不穿下蓋南宋時榷場北碑已不能盡得精拓矣

尉氏令鄭君碑呱字此碑在隸續第十九卷弱瞹孤句是孤無呱字劉氏此刻必不能出於洪氏所見之外也此碑下半原在土中昔張力臣撰濟州碑考嘗歎此碑下半湮霾無由出土今方綱力勸黄秋盦與州牧劉君謀之竟升扶全碑矣實不見有此字存疑可耳

十四皆

夏承碑皆字左上匕之起處誤多一折婁氏字原又因而誤爲另多一筆則謬之甚者矣

十六咍

孔廟置卒史碑來字中二人原石並不出波此直誤作楷勢

鄭固碑裒字石無此字洪釋已無此亦存疑可矣

戚伯著碑才字右下多出一筆必非無因也而此碑今無拓本婁氏字原又微異愚詳考之如史晨饗孔廟碑材字此書所未收今以精拓本諦審之其右下一筆作自左而右之勢而其再下又有一小筆亦作自左而右掠之勢即以此書所載郭究碑其右邊第二横畫亦是自左而右視字原爲可据其下亦又有一小筆亦是自左而右之掠勢非直下之點也以此推之則戚伯著碑右下多出一小筆亦是右掠之勢戚碑字多奇異或劉韻爲得其實耳

此部内婁氏字原哉字重出兩個七十二皆夏承碑也而又皆誤附記於此

十七真

戚伯著碑仁字左邊人旁作雙直葢篆書之勢似作二直而非二直也此豈得泥以爲一撇下二直乎即如夏承碑仁字用篆勢亦似二直而非二直也敢告學隸書者如必欲依此勢則寧從篆勢爲之而勿援据戚伯著碑則不至於啟妄作之流弊矣

魯峻碑民字上コ之下橫右内垂注而下與中橫起處相連而未嘗又穿出中橫之下也其中橫之右末靠上處有一小點此皆失之

武梁畫像碑鄰字左上㞢此摹失

十八諄

楊君斜谷碑春字下日因讓出右捺所以上斜而下仍平也此摹竟作半邊斜圓失之矣字原沿此而更失

鄭固碑逡字此字正在今石泐處此所摹猶可借以想見之也字原沿此而以中間穿下之筆分爲二層誤矣

二十文

唐公房碑雲字下厶不如此太欹斜

夏承碑薰字即策勳之勳宜採入下條勳字内非薰字也字原入勳字下是

武梁畫像碑勳字左頂無點非也原石左上有點

二十二元

卒史碑元字上第二橫右不出波

二十三魂

魯峻碑温字作溫此摹右上作口誤

孟郁脩堯廟碑乾坤坤字作巛與婁氏字原左丿末向外者不同按洪釋云此字與潁川字相類然即今所存衡方碑此二字同在一石而川作川巛作巛未嘗相混也此字當以劉韻作巛爲正

景君碑秉字下左才上出頭而此直之下半向外微彎右下内多一小筆此皆失之

二十五寒

楊君斜谷碑韓字右半韦此摹於其下㇆失在右內轉下多一小直耳字原沿此則更加誤

楊君斜谷碑殘字此摹每筆皆出尖鋒謬甚大約此碑筆勢通體瘦勁皆以不出尖鋒爲正（此摹本之失）

夏承碑彈字左弓之上彎是二筆而此誤連作一筆其下彎之下起處是一筆折過之勢而此作另起皆失之（此原刻之誤）

武梁畫像碑蘭字內外橫畫皆不出波大約此書於漢隸不應出波處率多誤爲出波也（此摹本之失）

二十六歡

蔣君碑寬字以分隸之勢論之心字末筆似不得上捲內挑也所以字原此內心字改作橫波與他處隸法心字相似然若果如此則又是一字內上下皆出波矣恐未可執一以論也寧以劉刻爲是○平都侯相蔣君碑豈可删去相字竟云平都侯蔣君乎故吾謂此刻是南宋坊賈所爲耳

魯峻碑官字內下之末橫稍誤長出一毫非其原勢

石經論語端字宋拓本攻乎異端端字右下微誤

二十七删

史晨祠孔廟銘删字左半何以致此欹斜昔莆陽方伯模爲陸放翁親視裝治漢隸十四卷無一字差誤所謂無一字差誤者足知南宋時北碑隔遠其裝褾時紙痕揉溼不免有失真之處也偶有差誤莫之能

正即如劉韻此史晨碑删字必是所見裝治紙痕之失也而婁氏小史直据此以摹入字原左半欹斜遂更加甚安得不細論之

鄜閣頌還字此字原石正在泐處此爲可寶顧氏隸辨特就今所見重刻本採之所以致誤耳

魯峻碑還字此字右上半正在石泐處此刻足以資考

二十八山

漢隸如戚伯著碑吳仲山碑羊竇道碑之類體皆奇異若果其拓本見存則學者必詳觀慎取勿戾於正斯亦可矣今其拓本不存僅据輯隸者傳摹之影從而爭效之未有不啟流弊者也如山字劉韻採周憬功勳銘中直無改而左右二直皆末尖向右或在原碑寓參差矯變之勢學者亦當知所慎擇而今遽就後人所摹以爲隸體有如此者則何以處前所論孔宙碑恭字史晨碑刪字乎往時在詹事府一同官學

隸者寫山字其中直起處作兩大開之勢其傍又多出兩大開之斜筆歸而檢婁氏字原果有所採第四十九袁良碑山字如此然驗之洪釋板本其上歧開之二筆未必至如此之寬出也且即使袁良碑山字有此奇異而撰集之家於此等字存而勿質又何害乎

下平聲

一先

卒史碑先字上橫筆左邊起處略有上出之勢非另作一筆此失之

王稚子闕先字左上起處與左下一筆皆摹誤字原沿而加甚

史晨祠孔廟銘千字上一筆自右而左與今楷書同勢石有泐痕恰在此處拓本竟似一橫畫以致劉韻誤摹如此足見此一微泐痕南宋時已然矣字原乃改爲自左而右以合於隸勢而豈知此處實不如此

武梁畫像碑千字頂上一筆亦是自右而左婁氏似知欲改而仍誤何也豈南宋時北方之碑精拓本難得如此乎

楊淮碑年字頂上一折直下此作二筆誤

魯峻碑譎字左上三筆斜逆掠過此摹太短則非其勢矣葢亦拓本失真之故

二僊

華山廟碑延字右上太方末筆起處原石與左下筆

接連此誤離開

鄭固碑延字左下之末不如此出尖

鄭固碑焉字石泐諦審下半尚露右點亦活筆不似上三點之圓也此在碑下截久已殘失雍正六年始出土知者甚少

校官碑乹字右上非一圓點亦非有一小橫乃是斜拂小筆連下也

禮器碑乹字右上是丄非人

虔字下採楊君斜谷碑叓字按此是更非虔此誤作虔字

樊敏碑究字洪釋云即究字此誤作穿宜刪

武梁畫像碑顴此誤爲顴宜改正

先部内字原載孔宙碑六以爲天字按孔宙碑自有天字反置不採乃取此字此是於六時靡句六即變也訛謬極矣又賢字條下引校官碑臤字謂與劉熊碑寉鳴一震皆蒙上文故賢鶴从省此不知何人謬說乃誤採之附記於此

三蕭

唐公房碑堯字此在碑之第一行正今石泐闕處此字足以資考

鵰字下字原尉氏令鄭君碑鵰字與鵰同按此字尚宜再考未可遽執爲定說也附記於此

四宵

韓勑碑陰瑨字此摹右下橫内無二小直筆今世所

傳拓本此處亦皆無此二小直筆然予所藏宋拓舊本此右下大橫之下實有二小筆不意劉氏在南宋時亦已不見精拓以致如此

蔣君碑撟字非橋也應入上聲矯字

字原昭字下云嚴訢碑去斯照照義作昭按此非借用義作昭也唐以前人書昭明之昭字皆下有四點其映照之照讀去聲者則下無四點所以杜詩才兼鮑昭愁絶倒是無四點鮑明遠之名作昭

而讀去聲也黃庭經照照則是有四點讀平聲也嚴訢碑照照正是漢人書昭昭之昭豈得云義作哉此可見南宋時已無詳考此字之原委者矣而其書名曰字原何哉附記於此

六豪

鄭固碑㖃字此字在碑之下截殘石一片久湮不出雍正六年始出土濟寧人李鶚得之今嵌學宮之壁此字上半已泐而下半尚可辨惟劉氏此刻足以證之

夏承碑蒿字項上二筆非横點乃逆注也惟宋拓乃辨之

卒史碑襃字下左撇末頓不出鋒尖此誤

魯峻碑陰毛字此所謂魯峻碑陰者即洪氏隸續所載魯峻碑陰也隸續云藏碑者以爲魯君碑陰雖無所据度其石之廣適與魯碑合碑載干丁馬吕吳誠夏侯等三百二十人爲魯君作謚此有馬丁夏侯姓洛又字體頗與魯碑相類若無可疑按南宋時北來之碑多憑傳聞之説苟非實有確据未可遽信也以今考之實非魯峻碑陰也此碑今在濟寧州聖廟二門之東壁下予嘗親到碑下碑甚高叠二桌始能手及其額乾隆壬子三月三日竊嘗手題姓名一行於碑額之空石間手拓其陰以歸與此無一字同者此洪氏隸續所載魯峻碑陰不知是何碑之陰誤附於此非予親到碑下孰辨正之

即如韓勑禮器碑兩側題名洪氏所不載婁氏字原第二百九韓勑孔林別碑兩側題名沈虞卿名爲韓勑碑兩側題名劉氏隸韻目爲韓勑碑陰而不敢定爲禮器碑陰也南宋時北碑之難得如此

夏承碑咷字右内之左邊中一小横此誤多出上彎

九麻

魯峻碑䍐字中直之上頂無向左彎出之筆此誤多出

唐公房碑爪字碑石此字已泐而黯淡中尚可想見劉氏此刻可寶也婁氏字原複出兩個廿三而兩個皆謬

字原載余字條下又引所謂臥雀蒙上文之說前已辨其謬矣此條又云鏡銘竟字非蒙上文豈未讀漢書竟寧年號乎附著於此

十陽

楊淮碑楊字右下内是三撇此處合外内凡五筆此

尚少一筆

袁良碑方字今無拓本可驗凡若此類即使非甚誤亦寧且慎之

芒下周馬李三碑按周碑芒繦李碑阨芒馬碑迫芒此廿即艸頭字芒迫也狹也此條一楷三隸皆應歸入聲二十陌部内非陽韻芒字也

楊淮碑將字右内無上複出之一橫畫不知何以誤多出

夏承碑傷字左人之頂横掠處其右末不出尖而此誤出尖右中横之末出波而此反不出波

暢字一條一楷四隸皆改歸去聲

禮器碑粮字右良不如此款斜此等之誤亦由爾日裝褾紙壞所致說見前删字矣

十一唐

魯峻碑前有堂構之堂後有棠棠之棠說者以爲皆堂字也劉氏隸韻取此碑棠棠之字入棠字下又取

堂構之堂入堂字下蓋集隸爲韻自應如此不得以棠借爲堂遂轉删其堂構字也婁氏嗜異每多収假借之體觀者必據婁氏所採而笑劉氏之拘泥吾甚不欲從婁而寧從劉矣

下横不連

魯峻碑郎字左頂起處不如此過仰下内小直筆與楊淮碑郎字左上一筆却是大彎自右垂其下無小直筆此皆失之此原本之誤

孔宙碑康字中橫之左邊不如此外出

魯峻碑陰康字非魯峻之碑陰不知何碑之陰也已詳前毛字下矣後不具述

鄭固碑卬字左上小橫之外不出頭此誤原本之誤

夏承碑皇字下内二小筆之左一筆亦誤出尖大約凡出尖者皆有失也此書尚可摘一二説之若婁氏字原則不勝其枚舉矣此摹本之失

十二庚

魯峻碑庚字右下正在石泐處不能因石泐遂以爲無此右下之末點也予藏極舊之精拓本諦審此處實有一點之起勢可辨想南宋時此間亦因泐痕致掩其點劉刻不深詳遂摹如此而婁氏字原因之使學者竟謂漢隸庚字末無此點不可不辨也

崋山亭碑亭字按此碑末句永亭利貞此是享字非亭也不得以亨利貞相連遂誤作亭也予方謂集隸爲韻應視其字體不應盡從假借而今又謂此亭不應作亭者正謂恐啟嗜異者之互核耳漢隸亭字豈無他碑可採而必採此乎

景君碑彭字末筆不放尖波

武梁畫像碑兵字頂上是一小撇自右而左不與左直相連此原刻之誤

夏承碑明字右月内之下小橫不如此止作一半而多空其右原本之誤

景君碑鳴字右鳥内上半是連三小橫合下一大橫

凡四筆此摹少其一筆原刻只三筆

史晨祠孔廟銘生字左頂起筆不如此太長垂下竟似楷書矣原刻微短摹本稍長

卒史碑牲字左牛上橫起頂不如此之過彎右生上橫起處則無此上出之筆此摹本之失

卒史碑瑛字右末是斜掠一點此誤作捺

楊君斜谷碑榮字上左火之靠外是二筆與其中間亦作二筆相應此原刻誤

十四清

鄭固碑旌字右下是王不出頭此摹誤

禮器碑并字上左一筆是自左而右其下二筆皆穿上出此碑并字前後再見此皆失之

婁壽碑聲字左土上短下長耳右直上留空而下小横之末左不穿出其右上横不出波其下撇另起起有向外之彎此皆不合原刻左土上短下長此摹本之失

禮器碑聲字右上不如此純方今此口之下横外末

微有石泐一線恐觀者不察以爲劉龥得其未泐時之真影則又失之故不可以不辨

孔彪碑正字凡三筆皆似後人行楷之點有出尖矣然此碑乃漢隸之最近楷勢者此字筆勢實如此並非摹誤○按正字自應入去聲雖所採桐柏廟碑前後再見亦揔以入去聲爲是

楊淮碑城字右内𠃌此作小横誤原刻之誤

卒史碑史晨碑誠字右内𠃌之肩皆穿過末一長筆此皆失之史碑右末長筆收處尖波竟作楷勢則大誤原刻之誤

武梁畫像碑令字左右無波下亦無此斜波

史晨婁壽二碑營字中冖上皆無此點

十五青

孔彪碑冥字下大之撇與後人楷勢無異愚嘗謂此碑是隸中之楷也此反摹誤

孔宙碑銘字左上内一小筆亦非出波摹本之誤

史晨碑廷字右上小筆末不出尖左邊中間凡作兩個向内迴折之筆其第二個迴折另自爲一筆第二迴折之下末長出左外一分許不與上下相連而左頂之横點自左而右却有向内微出之尖此皆失之

王稚子闕靈字中間一横與下亚之上横相齊不如此太短其内二小筆則是對挑二點非二直也

魯峻碑齡字左上止之末横不與下直相連其止上以右是向左一點亦非小横原刻之失

卒史碑經字糸旁上第二筆此摹出外太尖不成字勢矣此書後第十卷入聲二十六緝内給字糸旁亦有此失不另具説

史晨碑經字左下小直太過

十六蒸

武梁畫像碑繩字末不出波

史晨碑稱字右三點非圓也其下二横相齊何以上横有出波乎

孔宙碑稱字左上一筆是逆非順右上一筆及三小點皆向右作波而此反不出波

魯峻碑陵字右上第三横無出波此誤作波

十七登

史晨碑增字今石已泐以舊時精拓本驗之其左内點非圓右上二筆非尖此摹本之失

十八尤

韓勑碑陰郵字左下不如此太圓竟成篆勢矣漢隸諸碑惟鄭固碑字有帶篆勢者韓勑碑則惟盛下皿字微寓篆勢餘字無此不得使學者謂韓勑碑郵字有篆勢也

卒史碑午字起處一小筆不如此垂下

婁壽碑攸字右上横不與左内一直相牽此誤

史晨碑脩字右邊第二横畫是平非斜

王稚子闕州字中直之末亦向左彎出此誤作直

孔彪碑彪字左下一撇不出尖此誤出尖而又太短

十九侯

王純碑謀字言旁六横畫皆斜右高左下婁氏字原亦依此宋槧本不誤而毛氏汲古閣重刻字原六畫皆平其失如此姑舉一以見其概

二十一侵

卒史碑壬字雖不誤然此碑壬寅字凡三見其第一壬字中横長出其後二壬字乃三畫相竝而末横亦與上二横等是以與王不同也今不用其前一壬字

專用其後二字而又將下一横過於長出則直成王字矣愚所以説凡碑内一字數見者如略無小異則止採其一如稍異則宜分析著之劉氏此書竟不知於卷前别撰凡例耳

夏承碑臨字左臣内缺其コ之右邊小直此字正在華東沙所藏宋拓本闕三十字之内以吳山夫所見舊碑補之則此臣旁中コ實有此直也後又從一友處見舊拓本乃此臣旁竟無此右邊小直前九魚部

内除字左阝内二小彎之下多出一點此舊拓本亦與相同是則足以資攷異者此二處必非漢碑所有然既有一舊拓可證則其沿自何時不可遽詳姑記於此但學隸書者不得援此以增新耳婁氏字原亦沿此

武梁像碑陰字右上筆無出波

二十二覃

孫根碑虪字婁氏字原收入耽字下按字原以覤爲耽字竹邑相張君碑覤覤字與虎視連文收入耽字自可耳若孫根碑虪毅無所据之書亦無所据之義洪氏隸釋謂是耽字亦不著其所由遂可据以定爲耽乎○孫根碑虪毅字从虍與从見者不同洪釋不知何据謂即耽字也若易虎視耽耽是疊字亦本不與毅義相連蓋洪氏以爲虎視必是威嚴之字故與毅字連合耳然虞注下眎貌非專以威義爲訓也即王注威而不猛亦因下視意演出之不專訓威也即使兼威義亦是兩字雙疊爲文其孫根碑虪毅既非先旁又非雙疊之訓何所据而以爲即耽字乎劉氏乃以楷書標出虪字即以孫根碑虪字收入又無别碑他條可以互證此啟學者臆斷之弊斷不可以爲訓

卒史碑南字中間二小直筆不如此穿上

二十三談

老子銘三字此碑今未見拓本不知第二横畫果如此近上遠下乎婁氏字原諸字多沿此書爲之而此第二横却不然也以篆法論則惟王字第二畫近上工即玉字尚不可而況三乎嘗與友人論篆或有援某印章三字中畫近上者實不知其所本得非即因劉氏此刻而相沿弗深攷耶凡事非實有所据則寧闕

之

二十四鹽

夏承碑殲字右上多出一小横而其上又誤作圓點婁氏字原亦沿此其誤固不待言矣乃婁氏之書又出一去歹旁之韱字云淳于長碑義作殲不思其上標目七十二者即夏承碑也淳于長即夏承之官此碑又無二殲字實不解其謬誤之由矣

噡字用孫叔敖碑噡字此碑嚚字借作優游之游已

詳具於洪氏隸釋而劉未之知乃誤爲之廉切字此書實出爾日坊賈輩所爲何疑乎此條一楷一隸皆删

楊淮碑廉字内上是左右分掠之二點其内二直下不穿出下點之上並無此多出之横畫此蓋爾日所拓紙墨有失而致誤

二十六嚴

孔宙碑嚴字正在今石泐處此所摹足以資攷

二十七咸

石經尚書鹹字尚書洪範石已不全此句尚可見而左半正在泐處左半不如是之濶不知左半果如是否其右上實有點而此失之

二十八銜

魯峻碑巖字内右下与與末乂離開不連此誤連此原本之誤

隸韻攷證卷上終

隸韻攷證卷下

大興　翁方綱

上聲

二腫

史晨碑尣字滕婁氏字原遠甚此字在碑第六行之末底年久爲石趺所偪其每行末一字不可見矣二十年前予屬曲阜孔莥谷設法架起全碑乃得精拓一二紙今又在石趺之內無人知矣此摹不誤其中

間横過之一筆微嫌太彎耳婁氏字原既沿誤而毛氏重刻本猶妄作古筆杈枒之勢以炫人尤可笑也

辛史碑奉字不誤然既摹其隸則不得不細講者此碑奉字舉字内下二小横畫皆不放平所以得篆意也魯峻碑奏字亦如此今劉刻上一小横左邊雖微短少許而已不能存此意矣字原更失之

四紙

辛史碑豕字上第二畫右不出波

景君碑壐字上三點非如此圓

禮器碑紫字再見上極華紫紫字中間大垂彎筆内作方折上合紫臺紫字上内小點是自左而右非自右而左其糸下紐中間斷住有略空意此皆隸法所必講者此摹但艸艸耳

五旨

史晨碑死字上横非如此偏左

孔宙碑簋字艮之下横右無出波

六止

魯峻碑止字右内一筆是帶迴彎又似斜掠之點不如此太垂長

魯峻碑始字乍看不誤然有説焉此碑凡女旁左邊第二大彎之項起處多一小彎此篆勢也此始字則左女第二大彎其起處向上頓勢稍輕年久拓本不可得見即其第一彎之下脚亦沈頓有似微彎者譌隸法者所當知也今此書於此碑女旁之字皆所不

採而錄之此字又焉能悉其所以然則於隸何裨乎

魯峻碑仕字右內只一小撇自右而左非分開左右二筆

孔宙碑仕字右內二小筆居中此太靠上

鄭固碑子字上圓用篆非方也

夏承碑矣字與華東沙家所藏宋拓本微有不同此碑華氏眞賞齋宋本最精予嘗手自摹出絲毫不差今已重勒於廣平郡治重建愛古軒以覆之矣吳山

夫雙鉤本亦出於此將來必有據宋本以疑劉韻此字者然劉氏此摹與成化本上半眞拓相同非無因也成化本與嘉靖本之同異原委知者罕矣此可資攷

衡方碑華廟碑二起字左半皆無敧斜之勢不知何以致誤也華碑此字右已末有小點此失之

八語

楊君斜谷碑序字內下一筆以連下而非連下此摹作一筆誤然其誤有因此間恰在石泐處也亦可見斜谷崖間此泐痕南宋時已如此

鄭固碑所字上大横與左邊垂下之筆雖若相連實是二筆此竟作圓折而下誤也此碑間有用篆勢處而此字則不然

武梁畫像碑楚字前後再見皆不如此實是誤摹此碑在南宋時已屢有翻本

韓勑碑陰呂字中無小直而其下右肩不離開此皆失之

九麌

孔宙碑禹字上頂小筆起處與中直之頂相際不如此出右外

禮器碑宇字上點不如此太偏右

[illegible]碑脯字右横上末有點今日因石膚磨淺稍不[illegible]即不能見此點矣乃南宋時已有此失邪

[illegible]字出[illegible]是斜向左勢此摹[illegible]也而宋時已經

之
景君碑武字右上未正在石泐處非無點也不得執
此所摹誤以爲武字右上無點
魯峻碑陰武字非魯峻碑陰已詳前條
武梁畫像取字非是大約此碑字極小難摹耳
十姥
夏承碑簿字內右甫頂原石因接上中之小直所以
似不出頭也今此摹既微移開與上右中之直不相

承而却不出頭則失之
卒史碑魯字上半不如此欹斜
張納功德叙股是股即盬字也此誤作股
楊君斜谷碑午字上頂一點略偏左有斜注勢非圓
點
十一薺
夏堪碑洗字右下左出一撇不與上連字原沿此而
更輕細耳然却可資證

楊君斜谷碑詆字是姓氏之氏非詆字也此誤作詆
此一條刪去
史晨碑揹字右上橫畫是自左而右末上加點此摹
失
十二蟹
帝堯碑解字右半摹失字原可略證之
十五海
石經論語改字右上不應出波

劉熊碑采字今宋拓殘本此字尚明白中間一橫較
上更短而右無出波上三點不如此圓
魯峻碑乃字左上石泐然左邊是二筆非連下也
十六軫
石經論語敏字右上無出波
孔宙碑敢字是畝畝之畝劉誤作敏此洪氏所已糾
正者而婁氏字原尚沿此採入敏字下劉書出於坊
賈輩轉不足責而婁氏乃尊信洪說者何以茫無別

擇至此

十八吻

孔彪碑憤字左旁右内之小筆似帶斜挑而非小橫此失之

十九隱

卒史碑謹字兩見其右上廿一連一斷自以連爲正而此反取其斷者

羊竇道碑近字婁氏字原左上有點洪釋板本亦有點此獨無點此碑字多奇怪未見拓本然寧慎之

二十阮

魯峻碑遠字不誤婁攺之非也景君碑遠字則左上一點尚是右内之下二小筆及左下收處劉刻皆誤婁攺更非惟羊竇道碑右内下三筆當依劉而左上加一折當依婁也樊毅復民租碑今不可見劉與婁皆當參之

五瑞碑罷字下右肩不如此離作二筆

樊毅脩華嶽碑辨字未必是此辨字字原沿此亦未然

景君碑辨字上二點皆似橫掠之筆此所摹右一點竟成楷書矣中間一直之下半却不甚迆斜而兩字二大直皆齊長其左一大直末微帶斜勢此皆失之

曹騰碑陰遣字今不可見然凡遇一字右末上下二層皆出波者皆宜慎之

楊君斜谷碑右辵是上三筆下一筆帶收此作上四筆而下筆另收失之

王純碑宼字不當採入即使其原是借用正復何必載之此等處顧氏隸辨勝於婁氏字原遠矣

韓勑碑陰宼字上頂及中紐左右四點全失之摹本誤

二十九篠

楊君斜谷碑曉字左日却是敧斜左長右短如半邊形此失之原本微斜摹手不善體會

三十一巧

魯峻碑卯字左外一筆失其方矩原不起筆疑注[illegible]起此摹本之失

鄭固碑爪字在今石泐處賴此刻猶得以想其意不爲無補婁氏字原沿此而太過耳顧氏隸辨則不辨所由而但執隸釋板本以議之更爲疎舛

三十二皓

鄭固碑考字上半已泐而尚見下半是丂也想南宋時此石已有泐痕而劉氏不詳審以致此誤

孔宙碑道字左上是𠂇右而左之三筆非三點此失之原本之誤

三十五馬

景君碑假字内左半𠂉下之末橫直皆有出頭此皆失之原本之誤

三十六養

史晨碑養字右上小捺視原本太短太輕微

景君碑像字左人起筆尚微多一小折右末一筆是直垂下無出波此皆失之原拓本之誤

唐扶頌掌字是𡙇非掌也此誤作掌字後序已糾正

卒史碑𠕋字内亡上無小直筆因石有微泐痕正在亡上偏右處若似其迆左一小直者而非直也今且精拓本尚或辨之此摹之誤尚非無因若婁之字原顧之隸辨則更失之

三十七蕩

魯峻碑廣字上右半正在石泐處其小横是如此離

開與否宜存攷

三十八梗

史晨碑皿字是血非皿也此碑語用何休公羊傳注劉韻葢南宋書賈輩所爲所以未詳考而致誤也乃婁氏字原亦沿之

三十九耿

史晨碑耿耿二字其上一字耳旁左下微有向外翻起之意下一字左末雖有向外捲起勢然亦皆不能

過長於上横之左外也此摹僅取其下一字而又太放尖出外

四十靜

魯峻碑靜字右爭中間内横不出於右外此失之

夏承碑請字右下月内一圓點誤作横又誤作偏右

四十一逈

夏承碑並字左多一點不知其由此碑除字亦左卩下多一點嘗於一舊摹本見之已著於前條矣此字

則未見也婁氏字原沿之又改作一圓點更奇矣大約南宋時此碑或有摹勒者不始於明成化本也愚昔撰夏承碑考獨未及於此字俟再攷之

鄭固碑鼎字下半全非

夏承碑挺字右上一筆是另起非連下是自右而左非自左而右

史晨碑挺字左手之上筆是自左而右非自右而左其中間上一點是自左而右之掠勢非順點也其第一紐與第二紐相連而下此分作二筆誤

四十三等

孔彪碑等字中間上半一小直是穿上此誤

四十四有

孔宙碑朽字左木内點不如此放長摹本微長

夏承碑不字上横左起處微有沈頓意豈至如此另出一圓長之筆此係摹本大誤宜改正

四十五厚

巴官鐵盆銘廾字洪氏隷續謂是斤字不及此作斗之爲是此則劉韻之足以正洪氏者洪文惠乃輕量劉氏子蓋未詳審至此條耳○劉韻以此爲斗字其説所本今惟見於陳思寶刻叢編第十九卷所引此條作巴官鹽量銘疑是斗字此説是也然陳氏叢編此條其語未完下有闕失未知所引誰氏之書陳氏叢編成於宋末理宗時劉氏隷韻淳熙二年所進尚在寶刻叢編之前蓋劉氏所見乃陳思所引之原書

惜今無從考矣

四十九敢

史晨碑敢字左上内實有小直此失之即卒史碑敢字左上内此摹無一小直然卒史碑此處雖泐亦未敢信

鄭固碑敢字在中段近始出土前人多未見者其左上一筆用篆勢自内迴折至上小横又於其上内偏左處用圓直之點此點劉本誤作尖點順勢失其圓

隸韻　攷證下　十三

形此下左末之横亦不放出外皆劉之摹失也顧氏隸辨乃沿婁氏婁氏字原乃沿此刻今日知有此中段出土者甚少今以精拓審定乃知是劉氏此刻之誤有以啟之

孔彪碑敢字右上一横畫不如此之彎耳

去聲

一送

鄭固碑貢字下二點之左正在石泐處此左筆誤作楷勢知南宋時此處已泐也此摹手之失恐非石泐

孔宙碑貢字原石下二筆極分明何致誤作楷勢放尖準此以推則此刻凡波尾及點放尖處皆宜慎擇此可作發凡也

卒史碑衆字下半中直之上筆是向右非向左

韓勑碑陰仲字數見皆無右口之外下多出一點者婁氏字原亦沿此誤然婁所据劉韻蓋其初本未至訛舛如此今轉得借婁氏字原之沿此誤者證之知

隸韻　攷證下　十四

此又是翻摹劉氏隸韻之再誤則字原此處又有功於此刻矣

三用

鄭固碑奉字上直不與下直通連此摹鐫之失

史晨祠孔廟銘共字下左一筆太斜向内

四絳

武榮碑絳字左糸之下三筆是分三點此誤也右丰之中直上有穿出而其下小轉之横不如此靠内長

出是一筆非二筆

五寘

禮器碑伎字此字洪氏隸釋以爲即暨字婁氏字原遂採入暨字下然洪釋以爲伎即暨者揣度之詞此碑云上極華紫旁伎皇代旁伎二字文義本應闕慎豈應執他處文法以旁字對上字遂謂旁伎即旁暨乎自不若劉氏仍採入伎字下爲無害耳

魯峻碑企字下末横不如此長出作波

魯峻碑騎字左馬下彎之末有向左趯筆右上不如此出鋒

史晨碑義字下左半是王字向右作斜上形末非小撇

六至

魯峻碑謚字左上是小横非點亦非ㄱ此與婁皆誤下口非如此斜

景君碑帥字右内二點雖若俯垂而不如此之垂至地

卒史碑器字三見其中間一器字中横末有點貼緊横右之末甚明白其前後二器字皆似中横之末無點而皆切近石泐處即使前後二器字有一省去中横之末點亦當均採之以備攷不得但据其前一器字遂謂無點也

禮器碑騹字婁氏援集韻與驥通附採於驥字下按禮記文王世子注引孝經援神契州里騹於邑陸氏

釋文騹皇音冀冀及也此與孔疏慕仰義同此碑云初學莫不騹思正是慕仰之義豈得入驥字下乎劉韻別出騹字爲是

孔宙碑懿字右下外末筆多上一横出之小折

孔彪碑懿字右心末小點非如此圓勢

卒史碑備字右上横之上非二點也其左似一點而極輕其右乃是一大撇自右而左垂曳而下此作二筆誤也下用之中直微有透上之意半透不穿出而

其上小横却不穿過中直之左此皆失之
史晨碑備字右上却作二筆若竟似二點者其上條卒史碑則迴不如此也此猶隸書者字中一撇亦偶有似作中斷者行筆之小變耳其右中間横過一筆則是末有出波非横畫也用上出頭而下不出頭此亦失之

七志

王稚子闕侍字右下直末有趯起之筆但不縱耳

鄭固碑事字前後再見其下内一長横雖出右外有波然此横之中間與末波皆一律勁直與他字横畫之中間略輕而右末沈頓者迥别且其上口是篆勢此亦失之便非此碑事字矣

夏承碑意字下内二點與第一點相帶非如此另自起尖

卒史碑意字末二點不如此圓

禮器碑意字下三點各自起不如此一例尖

八未

衡方碑氣字内下四點其上二點是自外而内其下二點是自内而外此所摹雖下二點是向外而不肖其逆掠勢

靈臺碑氣字婁氏字原沿此雖顧氏隸辨据洪釋駁之然此碑今不存劉刻尚足資攷顧南原未見劉氏此刻所以不知字原所本耳

九御

孔彪碑御字中間下匕内止一點此誤作二點

楊淮碑御字中間下半忽出一斜左似撇之筆實是石泐裂紋非字畫所有也今以精拓驗之乃知是宋時已有此泐痕以致婁氏沿誤

景君碑鞏字上半中間上一直彎從右垂下而其下小勒筆復從下ㄥ自左而右非上直斜垂向左與下勒連作一筆也婁沿此益謬

十遇

武梁畫像碑赴字左邊是走非辵以精拓淡墨本諦審乃得之小隸書不出波字原因而更誤

十一暮

鄭固碑訴字右大彎一筆方折非圓雖相連下其實仍是二筆但神理貫注耳豈其上橫自右而左乎右下内三橫畫一律齊平非下橫特長出

楊君斜谷碑路字左口下非圓點

夏承碑路字左止下末尖不如此太彎向下

十二霽

景君碑涕字右上工筆是直點非左右波

卒史碑弟字不獨次橫穿左大出即下一橫亦穿左大出其左内小直居上下二橫畫之靠内將二分許此尚未盡

韓勑碑陰弟字上第二橫左邊長出不誤但此一筆是於上橫之外（上橫應帶下而却住不帶下）另起自爲一筆不與上橫相連乃另從上橫末之右外特起小直乃一氣自右而左其右肘下微頓處圓折而過他處弟字從無此樣此未能盡

按說文弟韋束之次弟也則次弟之弟應作弟周易第字猶作弟見陸氏釋文至玉篇弟部始另出第字注云今爲第幾也然漢隸次第之第皆作苐以艹爲竹也此内第字下載卒史碑范式碑詳此二碑皆高弟之字則漢器隸銘凡第幾皆書艹頭當附採於此下也此書之次當先列弟字於前再列第字於後而

漢器物銘第幾之字亦必當詳著云

楊君斜谷碑隸字左下示之下二筆是篆勢此未合

按婁氏字原載楊淮碑以𣪠爲隸然楊淮碑𣪠特司隸官名之𣪠豈得盡以概篆隸之隸乎洪文惠續急就章隸字用繁陽令碑亦未嘗用楊淮碑𣪠字也洪氏云篇莫加於類篇韻莫善於集韻所載隸古以石刻校之攟摭尚多脫略隸法皆以悠作悠司馬防東尉碑又省作悠稽之篇韻咸無焉聊

因論此擬急就之一章云云洪氏急就所採如咸伯著碑之類則又何嘗非取新尚異與魏晉以後字體錯出者奚所區別且既云熹平石經未嘗一字好奇則若此之類學者寧慎擇焉可矣附著於此

無極山碑遲字此碑銘云禱禳請祈應速不遲玉篇遲與遟同此與乃計切者同一字而音義逈別應入平聲不應入去聲

十三祭

鄭固碑丗字再見皆上三个十字與下一大横各自起訖此原不須說者惟後一丗字其上十之直末與左十之横右末此間石有泐勢恰在上直與下横之際劉氏隸韻遂誤摹作丗竟似上直之尾與左横之右末相連爲一筆者藉使原本果有如此之勢亦當並載其前一世字使觀者不惑也無如書賈輩嗜異轉不採其前一世字三處分畫最明白者而專採其後一世字中有泐痕者其實隸書固無此法也以致婁氏字原沿此加誤于上十之直尾圓穿至左外又作斜尖醜惡不成字形顧氏隸辨蓋亦覺其非而不知諦審原石竟莫敢是正

禮器碑世字左直之上石有斜泐痕今其泐痕已上連前一字一望而知是泐痕矣想宋時其泐痕尚輕微有似于一斜拂之勢是以此刻莫辨其爲泐痕竟摹入字內左直之上多出一折而不知者遂誤爲漢

隸世字有此形也婁氏字原因之而加甚

卒史碑世字再見其下横畫皆不如此圓彎

卒史碑史晨碑制字左下彎入一筆皆無此放尖

史晨碑敝字左內中間二直不如此迆斜婁氏字原尚知略爲改正

孔宙碑幣字下巾之右小彎一筆不如此掠尖

景君碑衛字中間韋訛作帇蓋南宋時拓本已不分明致誤如此

十四泰
孔彪碑陰外字右直不如此迆斜
十六恠
史晨碑拜字右邊一直實不穿上此摹不誤婁氏字原改之非也
十八隊
王稚子闕内字左末無向外勢
劉熊碑誨字右半不如此作圓勢右下一筆亦不如

此穿底有尖
十九代
武梁畫像碑態字右上厶非亾
景君碑陰茬字是茌平縣名之茌漢志注茌音仕疑反此誤作在此條應删去
二十二稕
郙閣頌䜭婁壽碑䜭皆是愛字此誤作舜後序已糾正

二十三問
校官碑訓字左上小横非偏左之半筆此鐫工之失
二十四焮
孔宙碑陰靳字左上廿之中横是連非斷
二十五願
韓勑碑陰憲心末筆起處雖似微頓不至如此長出
二十六慁
鄭固碑遁字在第四行之末此石今雖尚存上中下

三段而此字久亡其字勢不可復究劉氏所摹借以資考可矣然此乃逡巡之巡應入平聲不應入去聲婁氏字原亦沿其誤
二十八翰
景君碑陰漢字凡數見口下實皆是二横並非三横此何以致誤原本之誤
王稚子闕漢字右下實是二筆並非四點婁氏字原沿此而誤不待言矣乃婁氏又於其全書卷尾特論

王稚子闕漢字是四點且有發筆甚長之說此碑今日拓者甚少愚有精拓本又嘗見明末太倉黃翼聖知四川新都縣時於榛莽中手自剔出之舊拓本實是二筆非四點字原沿自隸韻若非今日灼知詳辨其誤何時得釋然耶

景君碑榦字右上之右捺不如此出波其右下木之二垂筆是篆勢非分開二筆（右捺出波乃摹本之誤）

二十九換

魯峻碑灌字左上一點是向内之逆勢非向外之順點其右上卄頭二小直是對趯之斜勢非如此板下之直惟其卄頭中間石有泐痕不遇精拓本則乍看似是中間板對直下之筆竟非隸勢殊可怪也一沿而爲婁刻再沿而爲顧刻原石日益剝損而知者益少矣

禮器碑畔字右上二點皆向左掠勢非如此相對

劉寬後碑叚是殷字非段字此誤

禮器碑亂字左上三小點不如此圓三點下之一小彎尚有其左邊半筆此失之

三十五笑

卒史碑廟字右月上頂開口處在上横之左此誤在上横之下（原本之誤）

三十六效

魯峻碑效字右上一横其末是趯非出波○此碑凡攴旁之字右𠂉皆於横尾上趯漢隸他碑之所無蓋

亦從篆勢出也然此碑日久石膚漸淺久無知此者矣愚篋有極舊之精拓乃能辨之此從來言漢隸者所未嘗及也○右中間一撇起處小彎是向左作彎勢非向右也

劉熊碑宋拓殘本效字尚極明白其左下二點與下二筆交注而下此所摹大謬其右末捺起處拓已昏蝕遂致摹誤若此

史晨祠孔廟銘效字其左上與右上皆是中一筆直

下再分開兩邊其右上之分開兩邊則兩邊二筆之末皆似放波其左下第一小撇與第二筆起處貼緊相連其右下則是以中直轉過右半虛其左半如文形也此所摹乃全無一筆是此字者荒謬之極原刻本誤
楊淮碑校字前後兩見其前一字左作扌旁所以末有向外之勢後一字作木旁則末無向外勢也此所摹既是木旁而又有向外勢則無此字矣

三十七號

禮器碑奧字頂上一小筆極圓活似欹而正此太偏左矣此字今石漸磨滅其頂筆不甚辨矣予有精拓本始辨正之
華山廟碑報字右下內圓點是裹在上小橫彎之下此尚未合字原已改正
史晨碑敦字左下一直徑住不如此外掠出鋒

四十禡

魏受禪表赦字左半之左外一筆並無上小彎也左邊下內二直之頂亦無交合之橫彎右上橫亦不出波此皆失
史晨碑夜字上橫之上另作一點非直穿下其右邊掠出之二筆皆沈頓不出尖

四十一漾

武梁畫像碑望字上左亾右月皆略寓斜勢唐荊川家所藏宋拓籤題唐搨本實是如此而宋時所拓已有不甚分明者二分許之細隸無怪摹誤

卒史碑狀字右犬末實逆折而上即右點之相連勢也今石此處雖泐尚可想見何以宋時已不得見精拓本耶若不辨明必致誤傳漢隸此右無點矣
劉熊碑鬯字原石下匕承上正中不如此偏左

四十二宕

華山亭碑亢字左下二筆可以字原考證之其上橫起處有離開之小缺勢則鐫工之失耳此原刻之誤非摹鐫之失

四十三映

禮器碑咏字左口原石直似四筆各爲頓起方見古趣其右上是小横非點此皆摹成楷書

四十五勁

卒史碑政字左内點非此圖樣

魯峻碑敬字文上一横之左末特翹起作上出之小趯筆非出外波也此碑凡左文皆然已詳前條

禮器碑鏡字左金之最上右一筆乃不出波之小横捺非點也其下靠内之二點皆逆掠自左而右非自右而左

四十六徑

禮器碑磬字曩時愚亦疑此下石内口之旁二小直未必其上高出如許或恐被人鑿添其上分許耳想宋時見拓本時亦已有此疑也所以劉韻摹此下口無其高出分許之勢婁氏字原亦沿之耳今以精拓數本諦審之實非後人增出自以定依拓本爲正而此摹非也

禮器碑定字内二層之中以一斜注之筆穿下此作二筆另起非

四十九宥

史晨碑舊字上半正在右泐處以淡墨精拓本諦審實四點非二點

禮器碑舊字上是四點非二點

石經論語獸字愚見宋拓本鳥獸不可與同羣獸字左内直不穿下而其右上有點此摹非是

景君碑授字右上是三點相並三點之末皆微寓向右勢此失之

五十候

武梁畫像碑後字前後數見並不如此

靈臺碑魯峻碑奏字下内二小横畫此刻雖摹未肯然尚皆不失古意益其上一小横是斜出右微高起非板作二横也何義門尚能言之然義門未得見此刻也婁氏字原則沿此而失之

五十五豔

婁壽碑猒字左下月上横畫中間離開此必鐫工之誤

入聲

一屋

石經論語穀字今見宋拓本五穀不分穀字左内中直是穿上其右上小横與上口齊不外出波

禮器碑族字右上右一小筆乃是外捺之不出波者

非横亦非點右下大横不出波此皆失之

禮器碑獨字右下内虫之口下二小直開口不如此竟成口字

史晨碑復字左下是二筆其上似横者是自右而左然後另於其下接起下筆下筆之尾不出波也其右上横亦不出波此皆失（原刻微有一横頓住下筆另起之意摹手誤會爲一筆）

魯峻碑牧字右攵上横之末趯起非波已詳前條

史晨饗孔廟碑㓋字下一横内是從左下逆捲而上乃從右垂下是一筆相貫非三筆分開（原刻既誤摹手更失之矣）

三燭

魯峻碑足字下左筆末與下大𠄌之起處是作一筆迴帶非另放尖

卒史碑欲字左内之左筆雖依原石而其末微失於翹起以致字原加誤

五質

孔宙碑失是矢字非失字應改入上聲

卒史碑七字中間一小彎匕三糸下尚非也其直穿下時尚不斜至末尾乃稍寓斜向右之意所以今日拓本紙墨不分明乍看竟似十字也非精拓不能知是七

禮器碑涑字右上只一筆非二筆此刻誤也字原改之而又有失

夏承碑疾字上項之右末不如此出波

武榮碑匠字内二小筆是圓點（原刻二小筆是左右向外兩趯又改加兩

點似乂形恐謬
九迄
夏承碑物字下板本多出一小畫此鐫工之失
十月
卒史碑曰字上頂開口此失
禮器碑竭字右下多出一圓點其右上之左直一不與
下彎橫起處相連此失之
孔彪碑竭字右下𠚣内直畫是承上曰之下先以此

直穿下到下小横之項然後於中鬭之半出右邊横
彎此失之
十一沒
孔宙碑殁字左内有小點此失之
十四黠
夏承碑察字左内大彎折處誤作二筆此摹本之失
十七薛
衡方碑泄字左上點亦自左逆入不如此尖向外

孔宙碑設字右上一筆回折入内止回折入小横之
内微作重頓非又有再向上出之小直也其右中横
亦不出波大抵隸書凡右半下有波者則上無波此
多是後人摹失
十八藥
魯峻碑爍字此碑令德孔爍隸釋云鑠易从女然此
碑映昫皆易火爲日詳審此字左毋即从日之或體
所以即是鑠字也此刻既以昫入灼字則亻不應另

出女旁之字矣
十九鐸
鄭固碑慔字洪釋即模字此誤作幕
耿氏鐙作字左上是逆筆此誤
孔宙碑酢字右半今在石泐處昔嘗與友讀碑至此
友人輒舉説文酬醋字酉旁从昔此碑正泐其半或
漢隸作醋乎愚無以應之也今見劉刻是酢字實與
儀禮作酢相合不必援説文謂漢隸从昔也周禮春

官司尊彝宋嘉祐石經篆用醋字自是篆書依說文也孔宙此碑在延嘉七年在鄭康成注禮經之前則漢時酬酢从乍固不必援鄭注儀禮之酢字矣然而近日又有攷周官者謂漢時本皆用酢字許氏說文特互易之鄭康成生於許祭酒書成之後廿九年許何爲而必互易此字此則爲鄭氏之學者必强許以就鄭又非平允之論矣言說文者自應作醋而漢隸自作酢奚以兩相牽合爲哉

鄭固碑悍字右下橫末實出波而此轉不出波誤也婁氏字原遂更致誤

二十陌

戚伯著碑今不見拓本此伯字左人作二直自必因人旁篆似裏外二重皆作直下而上以橫彎貫之雖隸勢上類撇而其近內一直之頂何至相離若是之遠竟似另起一直筆者戚碑怪異正在學者善會耳

禮器碑宅字內上一小撇是自左而右逆掠不甚出尖非自右而左

孫叔敖碑罩字婁云去水从省然却非自此碑始也九皐即九澤馬伏波傳已有四下羊語

二十二昔

魯峻碑昔字上半石泐正可存攷

景君碑積字左上一小筆是自左而右之逆筆非自右而左

史晨祠孔廟銘益字上半石泐此刻足以資攷

史晨碑璧字右下直穿上此失之

二十三錫

魏石經左傳錫字即洪氏隸續所稱王文康家殘拓本內有一字而三體不具者此錫字止有隸而無篆是其一也劉氏遂專錄此字其右下竟同楷書乎如執此以定魏石經錫字如此則未敢信

晢字應在十七薛旨熱切此字从才从日不與二十三錫之晳从木从白相同易明辨晢也書洪範曰晢時燠

若皆即此字即以此下所採魏受禪碑皇符照斷照晰即昭朗之義照非照燭字也今人誤用昭晰照斷讀作析音與晳相混其來久矣廣韻此二字音義迥殊豈意在宋時雖婁彥發之精研字學亦沿劉氏此刻收入錫部尚奚以攷韻攷隸爲哉

石經尚書迪字左上是二點此失其上一點

二十四職

石經魯詩與史晨碑食字右上筆皆不出波此誤

石經論語子夏問孝章今尚明白色字内有一小筆此失之

二十六緝

濕字下所採四碑孔從事碑今不可見惟孫叔敖碑下濕是此部之濕也蘇衡等題名碑及韓勑碑陰皆云平原濕陰攷漢書地理志平原郡漯陰縣師古曰漯音它合反此地名漯字漢人隸書皆寫作濕即後幅二十七合之漯字也非燥濕之濕

景君碑立字上二筆左右皆不出波

三十二洽

華山亭碑陜字是縣名之陜不應入此部此在前第六卷所已收

隸韻攷證卷下終

隸韻後序

昔宋鄱陽洪文惠公篤嗜隸古取兩漢以來祠廟之碑幽堂之銘荒蜒廣隧之闕與夫遺經殘石鐙鉦盆鏡之屬綜括卷軸佐證經傳次其時代先後區分類聚勒成五書曰隸釋曰隸續曰隸纂曰隸圖曰隸韻釋續久已版行纂圖韻三書均未之見學者病焉婁忠簡公漢隸字原所以補文惠之缺

也盤洲集中第有隸韻序而無其書又有書劉氏子隸韻後一篇驚其廣博哂其疎畧劉氏之書遂不為當時所重頃得宋拓隸韻墨刻十卷末有御前應奉沈亨刊七字為明餘清齋吳廷所藏華亭董宗伯定為德壽殿本援據雖未真確然紙墨精好為南宋初搨無疑書中如孔宙碑以歆作敏王純碑以穈作糜鄱陽所識一二具在此外如荀君碑陰以友作支校官碑以畀作畀唐扶頌以柔作掌鄗閣頌婁壽碑以憂作𢜽此類甚衆然其采集之勤編次之多闡洪氏之緒餘導字原之先路者有不可盡泯者况為歷代藏弆家所屢見商卬宋文康公僅得兩卷張文敏司寇詫為創獲豈可以徵類掩其全璧哉嗣於四明范氏天一閣中復得殘本碑目一卷及劉球奏進表半篇別為一袠加

以攷證一卷附諸卷末推求原委以廣見聞長白厚菴先生謂此書自宋南渡以來幾數百年晦而復顯待人以傳爰墨諸版以詔海內承學之士摘埴索塗可與婁氏參互証明由此上溯歐趙下通復古編六書故隸辨諸書增點減畫不失古人遺意譬夫得魚而守其筌食雞而飽其蹠亦足傳已

嘉慶十有四年己巳夏六月江都秦恩復書後

四角號碼索引（以隸字字形取角）